REZAR

CON LA **BIBLIA,**

MEDITAR

CON LA **PALABRA**

El apasionante mundo de la *Lectio Divina*

Manual para la Lectura Orante de la Biblia

Autor: Pbro. Gabriel Mestre
Asesor: Ricardo Grzona, FRP, Ph.D.
Editor: Mario J. Paredes

 AMERICAN BIBLE SOCIETY

Rezar con la Biblia, Meditar con la Palabra: el Apasionante Mundo de la Lectio Divina, un Manual Para Lectura Orante de la Biblia; ha recibido el *Nihil Obstat* de Mons. Michael F. Hull y el Imprimátur de Mons. Dennis J. Sullivan, Obispo Auxiliar de la Arquidiócesis de Nueva York. El *Nihil Obstat* y el *Imprimátur* son declaraciones oficiales de este libro está libre de errores doctrinales o morales. El *Nihil Obstat* y el *Imprimátur* no implican que quienes lo han otorgado estén de acuerdo con el contenido, opinión o declaraciones expresadas en este texto.

Library of Congress Control Number: 2010925921b
ISBN Number: 978-158516-980-1
ABS Item #122817 – DHH ABS Lectio Divina
Revised Manual Spanish HC

Todas las referencias de la Biblia son tomadas de la versión Dios Habla Hoy © 1996, American Bible Society. Edición endorzada por el CELAM.

Las ilustraciones que aparasen en las páginas 19, 29, 44, 45, 55, 69, 86, y 87 se imprimen con la autorización de la artista suiza, Annie Vallotton, SBA es una Organización Interconfesional y esta artista proviene de la Tradición Protestante.

Desde hace más de 190 años, la Sociedad Bíblica Americana ha proporcionado a iglesias de todas las tradiciones cristianas de fe Biblias como los recursos escriturísticos nevesarios para ilustrar, inspirar y enriquecer las vidas de la gente a la que sirven. La ABS tiene el gusto de porporcionar este manual sobre *Lectio Divina* en asociación con la Iglesia Católica Romana y confía en que los lectores católicos lo encontrarán útil para formar y hacer más hondo su hábito de la lectura significativa de la Sagrada Escritura.

La Sociedad Bíblica Americana es una organización cristiana interconfesional cuya misión, en parte, es trabajar con iglesias y organizaciones cristianas para poner la Biblia a disposición para todas las personas y que así puedan experimentar su mensaje capaz de transformar sus vidas. Las posturas doctrinales específicamente católicas presentadas en este manual no reflejan la postura interconfesional de la Sociedad Bíblica Americana.

CONTENIDO

CAPÍTULO 1

CAPÍTULO 2

CONCLUSIÓN

APÉNDICE

NOTAS

BIBLIOGRAFÍA

MAPAS

Pascua 2010

Mis queridos amigos en Cristo,

Vivimos en un mundo que, cada vez más, nos exige todo nuestro tiempo y atención. No es extraño estos días ver a una persona conversando por teléfono y a la vez navegando por el internet, usando un instrumento electrónico con las manos y al mismo tiempo caminando por la calle. En medio de tanta comunicación y tantas distracciones, es muy importante que encontremos tiempo para la oración y para la reflexión. Nuestro Señor siempre nos invita a acercarnos a Él y conocerlo mejor, pero necesitamos aceptar esa invitación.

A lo largo de la historia, Dios ha hablado a la humanidad a través de la Sagrada Escritura. Desde tiempo inmemorial, hombres y mujeres han llegado a un mejor entendimiento del diseño de Dios para el mundo y para sus propias vidas a través de la oración y del estudio del Antiguo Testamento, los Evangelios, y los libros y cartas del Nuevo Testamento. Las palabras inspiradas de la Biblia nos dan fuerzas en momentos de dificultades y nos guían para vivir una vida buena y santa.

La Biblia también puede ser una fuente significante de conocimiento y sabiduría si oramos con la Palabra de Dios. A través de esta meditación, *"Lectio Divina"*, el Señor nos habla a nuestro corazón y nos ayuda a ver todo .lo que sucede con ojos de fe. Esta práctica no consiste en leer rápido; tenemos que apagar los teléfonos y computadoras y volver a Dios. Si deseamos entrar en profunda amistad con Jesús, tenemos que hacer tiempo y espacio para ser completamente consciente de Su presencia y para oír Sus palabras.

Es una bendición para nosotros que la Sociedad Bíblica Americana nos facilite estos talleres en la *Lectio Divina*. La Sociedad está verdaderamente haciendo la obra de Dios, y yo estoy muy agradecido por ese servicio. El manual que se les presenta a ustedes hoy les ayudará a experimentar una nueva relación intensa con Jesús, La Palabra Eterna del Padre y para ser sus testigos durante el resto de sus vidas.

Asegurándoles mis oraciones para ustedes y para todos sus queridos, yo soy,

Sinceramente suyo en Cristo,

+ Seán OFMCap
Archbishop of Boston

9

PRÓLOGO: *LECTIO DIVINA* PARA EL CAMINO

Pasaron ya los tiempos en que la Biblia era un objeto tabú reservado para élites intelectuales y consagradas de la Iglesia. Hoy, de manera lenta pero contundente, vamos asumiendo y experimentando el puesto principalísimo que le compete a la Sagrada Escritura en la vida de cada creyente y en la de las comunidades cristianas.

La Sagrada Escritura, la revelación y comunicación salvadora de Dios para la humanidad, es la fuente de donde mana el contenido de nuestra vida cristiana y por tanto, el sentido de nuestra historia personal y comunitaria, siguiendo a Cristo quien es "el camino, la verdad y la vida" (San Juan 14.6).

Nuestra respuesta a la obra reveladora y salvadora de Dios se expresa mediante la oración, que supone en primer lugar, una toma de conciencia atenta, permanente y cotidiana de la presencia creadora y recreadora de Dios en el cosmos, en la propia existencia y en la de toda la humanidad. Esto tiene como consecuencia un estilo de vida, el estilo de vida de los hijos e hijas de Dios, que corresponde a la presencia y comunicación amorosa de Dios, nuestro compasivo y misericordioso Padre, revelado en Cristo.

Lectio Divina, "lectura de lo sagrado" o "lectura divina", es un antiguo método de la Iglesia que se remonta a la manera en que los primeros Padres de la Iglesia enseñaron a leer la Biblia. De manera específica, se trata del modo orante con el que el clero monástico medieval se entregaba a la lectura reflexiva, receptiva y contemplativa de la Palabra de Dios. Con el tiempo, esta práctica fue decayendo en la Iglesia. Hoy, gracias al impulso que el Concilio Ecuménico Vaticano II da a la lectura de la Sagrada Escritura como centro de la vida cristiana, de toda acción litúrgica y de toda reflexión teológica, los cristianos volvemos a emplear la metodología de *Lectio Divina*.

Lectio Divina es un método para la lectura de la Sagrada Escritura, pero es también un movimiento bíblico, orante y contemplativo, entre los cristianos que quieren regresar a la fuente primera de la fe y encontrar en ella origen más cierto, identidad, visión, experiencia y misión de la Escritura. La meditación de la Santa Escritura es quizá lo más importante dada la distracción de los temas espirituales debido a la vorágine y ansiedad que caracterizan a nuestra sociedad. Sólo la Escritura puede satisfacer la sed insaciable de hombres y mujeres en busca del verdadero sentido del Dios eterno, infinito y trascendente.

En esta coyuntura histórica de transición de la modernidad a la posmodernidad, el hombre de todos los rincones, razas y credos, muy especialmente el hombre de las grandes urbes, experimenta la necesidad de espacio, tiempo y métodos que permitan y faciliten el encuentro con lo divino, lo eterno: un encuentro con el Absoluto. Y es que la ciencia y la técnica no han logrado resolver los grandes problemas de la humanidad tales como el hambre, las guerras, la desigualdad, las injusticias, las mil formas de violencia, las divisiones, los odios y tantas otras realidades negativas. Existe un gran anhelo por las respuestas que procedentes al ámbito espiritual.

Por lo tanto, *Lectio Divina* se presenta como un método que alienta y propicia el encuentro con Dios, con su revelación, su comunicación, su Palabra, su plan salvífico, sus designios, su voluntad, su camino. Es un método que deben impulsar los individuos, las pequeñas comunidades cristianas tales como las familias o "iglesias domésticas", las comunidades cristianas tales como los grupos de oración y parroquias. Todas ellas están llamadas a ser experiencia fraterna del Reino de Dios en medio de nosotros, primicias de salvación, anticipos de cielo en la tierra.

La Sociedad Bíblica Americana (American Bible Society) como organización interconfesional cristiana que traduce, publica y distribuye la Biblia "…para que todos experimenten su mensaje transformador", auspicia y fomenta *Lectio Divina* de manera que la Palabra de Dios sea más conocida, más amada, más practicada y mejor vivida por los hombres y mujeres de buena voluntad.

Nos complace la transformación espiritual que este método de lectura bíblica puede traer a lo más íntimo de nuestra vida y al seno de nuestras comunidades e iglesias cristianas. Además, hacemos votos porque la *Lectio Divina* nos haga mejores seres humanos y mejores cristianos, dedicados por entero a la construcción de un mundo mejor: más justo, más fraterno, más humano y más divino.

Mario J. Paredes
American Bible Society
Presidential Liaison Catholic Ministries

EXORDIO

En nuestros días se está haciendo cada vez más conocido en la Iglesia Católica el término *Lectio Divina*. Hace unos años no era así. Este término estaba reservado para los monasterios, lo usaban los monjes y también en algún seminario, quienes se preparaban para el ministerio ordenado, practicaban estos ejercicios de lectura orante de la Sagrada Escritura. Sacerdotes que estudiaron hace años nos cuentan que en los mismos seminarios, los estudios de Biblia eran algo poco común.

Cuando el papa Juan XXIII convocó al Concilio Vaticano II, se tuvieron presentes muchos temas, pero el tema sobre la Sagrada Escritura se consideró uno de los más importantes. De hecho, uno de los más destacados documentos que surgió de este Concilio fue Dei Verbum, Palabra de Dios.

Los de nuestra generación, por tanto, contamos con la posibilidad de poder tener la Biblia completa en nuestros idiomas principales y también el acceso más fácil para muchos a tenerla en sus hogares. Muchos siglos antes sólo existían las copias a mano, que se usaron en la liturgia y para estudio en los monasterios. Luego llegó la imprenta, pero la población era ampliamente iletrada. La Reforma hizo que la Iglesia Católica preservara y reforzara la Sagrada Escritura, en especial para la liturgia. Pero después del Concilio Vaticano II, podemos decir que los cristianos católicos estamos llevando un dinamismo muy grande, porque hasta las jóvenes generaciones se apasionan por la Biblia cuando les es presentada en forma adecuada.

Mediante este manual podremos entender, de forma concreta y ordenada, cuáles han sido los pasos para entender que lo que está escrito en la Biblia es para los cristianos Palabra de Dios, y que sigue siendo actual. También podremos aprender el antiguo y tradicional método de la *Lectio Divina*, que nos impulsará a horizontes insospechados en la vivencia de las Buenas Nuevas.

Habiendo participado en grandes eventos de la Iglesia Católica como fue el Congreso por los cuarenta años de la Dei Verbum y siendo luego auditor del Sínodo de la Palabra, puedo decir con toda certeza que los que están viendo la renovación espiritual de la Iglesia, sin duda alguna se debe a la lectura orante de la Sagrada Escritura.

Que Jesucristo, la Palabra eterna que el Padre nos dio para salvarnos, enriquezca cada día nuestras vidas mediante el ejercicio constante y disciplinado de la *Lectio Divina*.

Hno. Ricardo Grzona, FRP, Ph.D.
Presidente de la Fundación Ramón Pane
Miami

INTRODUCCIÓN

La temática central del libro que tiene en sus manos es la lectura orante de la Biblia. Gracias a Dios son muchos y cada vez más los espacios escritos e informáticos que buscan dar a conocer, de diversas formas, la *Lectio Divina*.

El que hoy presentamos tiene la particularidad de dedicar los primeros capítulos a esbozar una breve introducción general a la Sagrada Escritura. Los primeros cuatro capítulos son una larga introducción a la *Lectio Divina*. **¿Qué es la Biblia? ¿Cómo surge? ¿Qué libros la componen? ¿Cómo se la interpreta? ¿Qué relación guarda con la Iglesia? ¿Cómo se entiende el misterio de Cristo en los Textos Sagrados?** Estas son algunas de las preguntas que intentamos responder en los tres primeros capítulos. El capítulo cuatro nos coloca en la dinámica de lo que se podría llamar la "espiritualidad de la Palabra" en la búsqueda de Cristo. El Señor es el centro de toda la Escritura, es la Palabra viviente que invita a todo ser humano a seguirle con un sincero deseo de vivir el evangelio.

El capítulo cinco se centra en la historia y en los intentos de definición de la lectura orante de la Biblia. Se pasa revista y se presenta también la rica reflexión Papal y Magisterial posterior al Concilio Vaticano II con respecto a nuestro tema. El capítulo seis nos proporciona una descripción detallada de los pasos tradicionales de la *Lectio Divina*. Por último, en la conclusión, se incluyen dos ejercicios prácticos de lectura orante de la Biblia. Estos pueden ser muy útiles para cotejar de forma definida cómo se puede hacer la *Lectio Divina*.

Este es un simple manual que le ayudará a comprender la lectura orante de la Escritura en el marco de la fe de la Iglesia. Esperamos que sea de utilidad para personas y grupos que quieran dedicarse de lleno al apasionante mundo de la lectura orante de la Biblia.

Quiera Dios que la lectura de estas páginas sea provechosa para todos los que quieran poner su esperanza en Dios y en su Palabra, dejando que la misma Palabra de Dios nos ilumine en el camino de la vida. Con el salmista podemos decir: **"Con ansia espero que me salves; ¡he puesto mi esperanza en tu palabra!"** (Salmo 119.81) y: **"Tu palabra es una lámpara a mis pies y una luz en mi camino"** (Salmo 119.105).

CAPÍTULO 1

PROFUNDIZAR
EN EL MISTERIO DE LA BIBLIA

INTRODUCCIÓN

La Biblia, la Escritura, el Libro, el Texto Sagrado, la Sagrada Escritura, los Libros Santos y la Santa Biblia son algunas de las expresiones que se utilizan para referirse a este libro tan particular que de forma más habitual y corriente llamamos Biblia, y que los cristianos de diversas confesiones tenemos como guía para nuestra vida y espiritualidad.

¿CÓMO PODEMOS DEFINIR QUÉ ES LA BIBLIA?

El término Biblia viene del griego *biblos* que literalmente significa "libros". Y es así. La Biblia es un libro y a la vez, un conjunto de libros. Contiene un grupo de libros escritos durante un largo período de tiempo y en contextos culturales distintos. El Concilio Vaticano nos dice:

> *...la Sagrada Escritura es la palabra de Dios en cuanto se consigna por escrito bajo la inspiración del Espíritu Santo...*[1] *(Dei Verbum 9a).*

Esta frase define lo esencial de la Biblia: Es la Palabra de Dios escrita.

En octubre de 2009, la Iglesia celebró el Sínodo de Obispos sobre el tema de "la Palabra de Dios en la vida y la misión de la Iglesia". Allí los Padres sinodales, en el mensaje final, definieron de manera dinámica lo que es la Biblia:

Las Sagradas Escrituras son el "testimonio" en forma escrita de la Palabra divina, son el memorial canónico, histórico y literario que atestigua el evento de la Revelación creadora y salvadora. [2] (Mensaje Sínodo nº 3)

Esta definición, a la vez que mantiene el elemento esencial que nos recuerda *Dei Verbum*, identifica a la Palabra como "la Revelación creadora y salvadora" de Dios. Por eso podemos decir que la Biblia es la cristalización por escrito de la experiencia de revelación de Dios, que por amor se da a conocer a los hombres y espera de ellos una respuesta de amor. Es la historia de los seres humanos entendiendo la revelación de Dios y la búsqueda de una mejor manera de vivir. Dios se entrega a su pueblo, y su pueblo, confiando, en él tiene seguridad de vida plena. Toda esta profunda experiencia de encuentros queda plasmada como "memorial canónico, histórico y literario" en la Sagrada Escritura.

La Biblia tiene dos grandes partes: El Antiguo Testamento y el Nuevo Testamento.

La primera gran parte llamada **Antiguo Testamento** consta de **46 libros** donde se nos relatan, entre otras cosas, los siguientes temas:

- La revelación de Dios por medio de su creación del mundo y del ser humano a su imagen y semejanza.
- El ser humano es puesto como la corona de la creación de Dios y se le llama a conducir todo lo creado.
- El ser humano no respondió siempre con amor al designio de Dios y se apartó de su camino, pecando y condenándose a la muerte.
- Dios no abandonó su creación. Renovó su designio de amor e hizo una alianza con un pueblo para que a través del mismo él trajera salvación para la humanidad.
- La humanidad siguió sucumbiendo a la tentación de apartarse del camino y Dios renovó su alianza y promesa eterna de salvación.

La segunda gran parte de la Biblia la llamamos **Nuevo Testamento**. En sus **27 libros** se nos narran de diversas maneras:

- Los acontecimientos centrales de nuestra fe: el nacimiento, la muerte, resurrección y ascensión de nuestro Señor Jesucristo, verdadero Dios y verdadero hombre.

- En Cristo se consuma la alianza definitiva de Dios, la redención de la humanidad dándole vida en plenitud.
- El establecimiento de un nuevo pueblo, la Iglesia, que es llamado a dar testimonio del mensaje de vida de Dios hasta los confines del mundo.

Las siguientes descripciones definen la Sagrada Escritura:

- La Palabra de Dios escrita es la narración de la revelación de Dios mediante la creación del mundo.
- Esta Palabra de Dios es firme, eficaz y permanente (cf. Isaías 40.8; Marcos 13.31; Hebreos 4.12).

"La hierba se seca y la flor se marchita, pero la palabra de nuestro Dios permanece firme para siempre" (Isaías 40.8).

"El cielo y la tierra dejarán de existir, pero mis palabras no dejarán de cumplirse" (Marcos 13.31).

"Porque la palabra de Dios tiene vida y poder. Es más cortante que cualquier espada de dos filos, y penetra hasta lo más profundo del alma y del espíritu, hasta lo más íntimo de la persona; y somete a juicio los pensamientos y las intenciones del corazón" (Hebreos 4.12).

LA PALABRA DE DIOS EN LENGUAJE HUMANO

La Biblia es la Palabra de Dios escrita. Sin embargo, es también el esfuerzo de muchas personas inspiradas por el Espíritu Santo. El Concilio Vaticano II nos recuerda:

> *Habiendo, pues, hablado Dios en la Sagrada Escritura por hombres y a la manera humana, para que el intérprete de la Sagrada Escritura comprenda lo que Él quiso comunicarnos, debe investigar con atención lo que pretendieron expresar realmente los hagiógrafos y plugo a Dios manifestar con las palabras de ellos.* [3] *(Dei Verbum 12a)*

En su condescendencia para con la humanidad, Dios se anonada y se hace comprensible dialogando con el mismo lenguaje de los humanos. En la práctica, esto sucedió cuando hombres y mujeres de diversas culturas fueron inspirados e iluminados por el Espíritu Santo, para trasmitirnos en el texto sagrado la auténtica Palabra de Dios. Se necesitaron varios siglos para el Antiguo Testamento y unos sesenta años para el Nuevo Testamento.

El Concilio Vaticano II es audaz en su reflexión y compara analógicamente la presencia de Dios en su Palabra con el mismo misterio de la encarnación del Hijo:

> ...*Porque las palabras de Dios expresadas con lenguas humanas se han hecho semejantes al habla humana, como en otro tiempo el Verbo del Padre Eterno, tomada la carne de la debilidad humana, se hizo semejante a los hombres.* [4] *(Dei Verbum 13).*

En la Biblia es Dios quién nos habla por medio de hombres y se expresa a sí mismo "con lenguas humanas".

Debemos tomar con seriedad las dos afirmaciones: **La Palabra de Dios** y **en lenguaje humano**. Caer en el error de poner el énfasis en una dimensión de detrimento de la otra no le hace justicia a la Sagrada Escritura. Las dos afirmaciones deben conjugarse dinámicamente, porque es así como Dios eligió revelarse a los seres humanos.

LAS FUNCIONES DE LA "PALABRA HUMANA"

Más adelante, cuando reflexionemos sobre la inspiración del canon, confirmaremos que la Escritura es realmente Palabra de Dios. Ahora nos concentraremos en la Biblia como palabra de hombres. Lo haremos analizando las funciones de la palabra humana.

La palabra humana, dicha o escrita, tiene tres funciones principales que suelen actuar entrelazadas. Poder distinguirlas es fundamental para comprender de manera integral la Palabra de Dios que se revela en la palabra humana. Las tres funciones son las siguientes:

a. **Información**: Esta función se da de manera particular en relación con la naturaleza, el mundo y la historia. La palabra "informa" sobre hechos y sucesos, generalmente por medio de un verbo en modo indicativo y en tercera persona. Se la suele considerar como objetiva y adecuada para la ciencia, la didáctica y la historiografía. Por ejemplo, un cartel que dice: Aeropuerto Internacional a quince kilómetros, nos está "informando" que a quince kilómetros de este lugar específico se encuentra un aeropuerto internacional.

b. **Expresión:** Esta función tiene que ver con la capacidad que tiene la palabra de "expresar" información y el pensamiento de la persona que la dice o escribe. Todo hablante o escritor se expresa a sí mismo, dice algo de sí mismo, se pone en actividad, se da a conocer. Esto se considera como una acción subjetiva. Se expresa a sí mismo con el tono de su voz o sus gestos corporales que muestran sorpresa, alegría, miedo, enojo o remordimiento.

c. **Llamada:** Esta función se da en relación con las demás. La palabra dicha o escrita, por propia naturaleza, busca al otro; constituye el lazo de unión por excelencia entre el "tú" y el "yo", principio original de toda renovada comunión. La palabra no sólo informa y expresa la interioridad del que la dice o escribe, sino que también llama a una respuesta por parte de quien la recibe. Se la considera como función intersubjetiva donde un sujeto interpela a otro sujeto.

Las tres funciones aparecen relacionadas entre sí de una u otra forma en el proceso de la comunicación. Es necesario poder distinguirlas en nuestra vida de relación habitual con las personas y los grupos, para poder captar integralmente el mensaje. De la misma manera, es necesario poder tenerlas presente para captar en su totalidad la Palabra de Dios que se nos revela en el lenguaje humano de la Escritura. Reducir la importancia de la palabra humana de la Biblia a la sola función informativa es empobrecer la posibilidad de comunicación con el misterio de Dios que se esconde en los Textos Sagrados. Entender integralmente el lenguaje humano de la Escritura nos permitirá responder al llamamiento de la Palabra. Esta fuerza creativa de llamamiento y respuesta nos envuelve y nos libera.

"Juan también declaró:
"He visto al Espíritu Santo bajar del cielo como una paloma…"
(Juan 1.32).

FUNCIONES DE LA PALABRA HUMANA

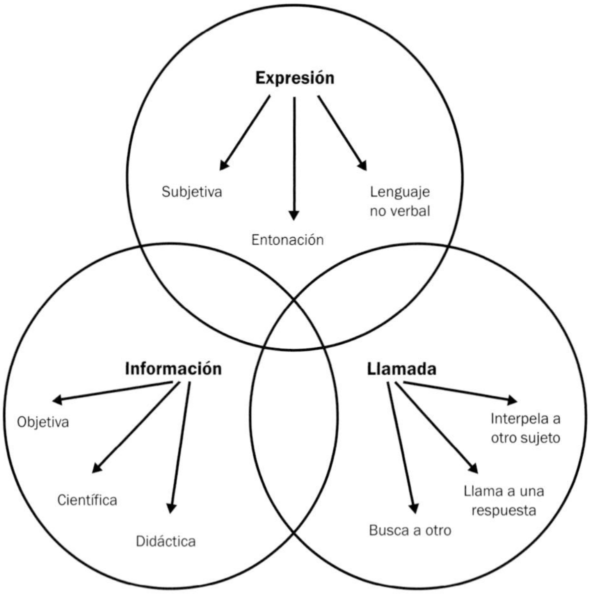

Expresión

Subjetiva

Entonación

Lenguaje
no verbal

Información

Objetiva

Científica

Didáctica

Llamada

Interpela a
otro sujeto

Llama a una
respuesta

Busca a otro

"LAS TRES FUNCIONES DE LA PALABRA" EN OSEAS

[1] "Cuando el pueblo de Israel era niño, yo lo amaba; a él, que era mi hijo, lo llamé de Egipto. [2] Pero cuanto más lo llamaba, más se apartaba de mí. Mi pueblo ofrecía sacrificios a los dioses falsos y quemaba incienso a los ídolos. [3] Con todo, yo guié al pueblo de Efraín y lo enseñé a caminar; pero ellos no comprendieron que era yo quien los cuidaba. [4] Con lazos de ternura, con cuerdas de amor, los atraje hacia mí; los acerqué a mis mejillas como si fueran niños de pecho; me incliné a ellos para darles de comer, [5] pero ellos no quisieron volverse a mí. Por eso tendrán que regresar a Egipto, y Asiria reinará sobre ellos. [6] La espada caerá sobre sus ciudades y acabará con sus fortalezas, destruyéndolos a causa de los planes que hacen. [7] Mi pueblo persiste en estar alejado de mí; gritan hacia lo alto, pero nadie los ayuda. [8] "¿Cómo podré dejarte, Efraín? ¿Cómo podré abandonarte, Israel? ¿Podré destruirte como destruí la ciudad de Admá, o hacer contigo lo mismo que

hice con Seboím? ¡Mi corazón está conmovido, lleno de compasión por ti! [9] No actuaré según el ardor de mi ira: no volveré a destruir a Efraín, porque yo soy Dios, no hombre. Yo soy el Santo, que estoy en medio de ti, y no he venido a destruirte." (Oseas 11.1-9).

Sugerencias con respecto a las funciones:

a. **Información:** Dios ama a su pueblo a pesar de las infidelidades. El Señor insiste en su predilección, pero ellos se apartan. Entonces Dios debería destruirlos; sin embargo, no lo hará.

b. **Expresión:** Dios se revela a sí mismo. Muestra abundante misericordia: compara a Israel con un niño que está aprendiendo a caminar, a quien cuida atrayéndolo con cuerdas de amor, abrazándolo y dándole de comer. Dios se expresa a sí mismo como una madre que ama profundamente a su hijo. El Señor se expresa nuevamente cuando se pregunta si por alguna razón abandonaría a su pueblo. Dios responde que nunca abandonará a su pueblo.

c. **Llamada:** Ya que somos parte del pueblo de Dios, la Palabra nos llama a responder sintiéndonos involucrados en el texto. ¿En qué medida nos hemos alejado de Dios? ¿En qué medida somos capaces de captar estos rasgos maternales del Señor? La Palabra nos llama a responder a Dios que se expresa a sí mismo con auténtica fidelidad.

"LAS TRES FUNCIONES DE LA PALABRA" EN LA EPÍSTOLA A LOS ROMANOS

[14] Sabemos que la ley es espiritual, pero yo soy débil, vendido como esclavo al pecado. [15] No entiendo el resultado de mis acciones, pues no hago lo que quiero, y en cambio aquello que odio es precisamente lo que hago. [16] Pero si lo que hago es lo que no quiero hacer, reconozco con ello que la ley es buena. [17] Así que ya no soy yo quien lo hace, sino el pecado que está en mí. [18] Porque yo sé que en mí, es decir, en mi naturaleza débil, no reside el bien; pues aunque tengo el deseo de hacer lo bueno, no soy capaz de hacerlo. [19] No hago lo bueno que quiero hacer, sino lo malo que no quiero hacer. [20] Ahora bien, si hago lo que no quiero hacer, ya no soy yo quien lo hace, sino el pecado que está en mí.

[21] **Me doy cuenta de que, aun queriendo hacer el bien, solamente encuentro el mal a mi alcance.** [22] **En mi interior me gusta la ley de Dios,** [23] **pero veo en mí algo que se opone a mi capacidad de razonar: es la ley del pecado, que está en mí y que me tiene preso.**

[24] **¡Desdichado de mí! ¿Quién me librará del poder de la muerte que está en mi cuerpo?** [25] **Solamente Dios, a quien doy gracias por medio de nuestro Señor Jesucristo. En conclusión: yo entiendo que debo someterme a la ley de Dios, pero en mi debilidad estoy sometido a la ley del pecado.** (Romanos 7.14-25).

Sugerencias con respecto a las funciones:

a. **Información:** Este pasaje nos da a conocer la lucha interior de San Pablo con el pecado y la ley. El pecado que por naturaleza reside en el apóstol no le permite hacer el bien que quiere sino el mal que no quiere. Sólo Dios, por medio de Jesucristo, podrá liberarlo de esta situación y por eso San Pablo le da gracias.

b. **Expresión:** San Pablo da a conocer con toda su fuerza su naturaleza interior. Si el texto fuera sólo información, habría frases que serían un poco complejas. Pero si captamos que es un corazón tortuoso, que se está expresando, todo cambia. El apóstol nos da a conocer su naturaleza interior marcada por la lucha entre el bien y el mal. Abre su corazón y expresa su conflicto interior, y reconoce con gratitud que solamente Jesucristo puede hacerlo libre.

c. **Llamada:** La Palabra aquí nos llama para que también miremos nuestro ser interior. Los mismos conflictos interiores que experimentó San Pablo, también los experimentamos nosotros cada día. La Palabra nos llama a cada uno de nosotros, a expresar libremente y sin temor nuestros propios conflictos internos.

"TEXTOS ORIGINALES" Y "LENGUAS ORIGINALES" DE LA BIBLIA

No poseemos manuscritos originales de los libros de la Biblia. Sin embargo, tenemos copias de esos manuscritos. Los manuscritos más antiguos de la Biblia están escritos sobre papiro o pergamino.

El papiro se confecciona con el tallo de la planta acuática que lleva el mismo nombre. Se abren los largos tallos, se prensan y se entrecruzan de manera horizontal. El pliego que se forma es aplastado y luego se deja secar por un tiempo. El papiro es económico a la hora de elaborarlo y se conserva en climas secos, pero tiene la dificultad de ser poco resistente a los cambios climáticos.

El pergamino se hace con la piel de becerro, oveja o cabra. Las pieles se estiran y secan a la temperatura ambiente. Se ablandaban con cal y luego se pulen con piedra. Tiene la ventaja de ser más resistente a los factores erosivos del paso del tiempo que el papiro, pero el pergamino es mucho más costoso que el papiro. Si se raspa la superficie del pergamino se puede volver a escribir en la misma lámina. Para formar un rollo, se ponían juntas varias hojas. En la antigüedad, tanto para el papiro como para el pergamino, era costumbre encolar o coser las distintas hojas del material para formar largas tiras donde el copista escribía el manuscrito. Luego se enrollaba por ambos extremos, dando lugar a los llamados Rollos de la Escritura o Rollos de la Torá (los rollos de los libros de la ley). Hasta inicios de la era cristiana no se comenzó a usar el códice o codex, que consistía en encolar o coser láminas de papiro o pergamino para formar lo que sería nuestro cuaderno o libro actual.

La Biblia se escribió en hebreo, arameo y griego. El **hebreo** se empleó para la mayor parte del Antiguo Testamento, el **arameo** para pequeños pasajes del Antiguo Testamento, y el **griego** para unos pocos libros del Antiguo Testamento y para todo el Nuevo Testamento. A partir de estas tres lenguas los filólogos han traducido el texto a varios idiomas modernos. En sí mismas estas lenguas originales no son lenguas sagradas. Cada una de ellas era el idioma común en la comunicación habitual en el tiempo y la cultura donde vivió el escritor.

Presentamos dos ejemplos a continuación:

Un ejemplo de hebreo: Génesis 1.1

בְּרֵאשִׁית בָּרָא אֱלֹהִים אֵת הַשָּׁמַיִם וְאֵת הָאָרֶץ:

la tierra y los cielos Elohím creó en principio

En el comienzo de todo, Dios creó el cielo y la tierra.

Un ejemplo de griego: Juan 14.6

λέγει αὐτῷ [ὁ] Ἰησοῦς, Ἐγώ εἰμι ἡ ὁδὸς καὶ ἡ ἀλήθεια καὶ ἡ ζωή· οὐδεὶς ἔρχεται πρὸς τὸν πατέρα εἰ μὴ δι' ἐμοῦ.

Jesús le contestó: Yo soy el camino, la verdad y la vida. Solamente por mí se puede llegar al Padre.

Secciones del Antiguo Testamento que sólo están en arameo:

- Esdras 4.8-6, 18; 7.12-26
- Daniel 2.4b–7.28
- Génesis 31.47
- Jeremías 10.11

En total son 640 palabras en los cuatro libros.

Libros del Antiguo Testamento originalmente sólo en griego:

- Sabiduría
- 1 Macabeos
- 2 Macabeos
- Baruc
- Judit
- Tobías.

Se trata de los libros "deuterocanónicos" incluidos en el canon en una fecha tardía respecto al resto del Antiguo Testamento.

Se pensaba que un séptimo libro, el Eclesiástico, formaba parte de esta categoría pero en los siglos XIX y XX se hallaron manuscritos parciales en hebreo. Hoy día tenemos todo el libro de Eclesiástico en griego y aproximadamente dos tercios del mismo también en hebreo.

La Biblia de los Setenta (Septuaginta):

Se le llama así a la traducción griega de las escrituras hebreas que se hizo en la ciudad de Alejandría entre los años 300 y 200 a.C. Posee los 39 libros conocidos del canon del Antiguo Testamento más los libros deuterocanónicos. Se la simboliza con el "LXX", los números romanos para 70. Se le llama de los "setenta" porque según la tradición fueron 70 o 72 eruditos judíos (seis por cada tribu de Israel) quienes fueron los encargados de traducir las escrituras hebreas al griego, que era el idioma más difundido de la época. Esta es la más antigua traducción del Antiguo Testamento y tiene un gran valor para entender el texto original en hebreo mediante el estudio comparativo.

ESCRITURAS INSPIRADAS Y CANÓNICAS

- ¿En qué se diferencia la Biblia de cualquier otro escrito de la antigüedad?
- ¿Qué la hace tan particular?
- ¿Por qué algunos libros son incluidos en la Biblia y otros no?
- ¿Por qué unos libros están canónicos y otros son apócrifos?
- ¿Qué diferencia hay entre una Biblia "católica" y una "protestante"?
- ¿Quién guarda los manuscritos más antiguos de la Biblia?

La respuesta a estas preguntas nos llevaría mucho tiempo y espacio. Además, los interrogantes se podrían multiplicar exponencialmente, si le sumamos las falsas teorías que aparecen de tiempo en tiempo en los medios de comunicación, teorías que se declaran científicas.

¿Qué responder a todo esto?

La respuesta es: **La Sagrada Escritura es inspirada por el Espíritu Santo y sus libros son canónicos.**

Pero ¿qué significa esto? Es afirmar de forma directa lo que la Iglesia desde sus orígenes creyó y transmitió de Dios, asistida por el Espíritu Santo. La gran Tradición viva de la Iglesia se refleja en estos libros inspirados y canónicos que circulaban y se usaban desde tiempos del Nuevo Testamento. La Escritura constituye la regla de fe para ser fiel a Dios y al evangelio. Otros libros pueden ser muy buenos e iluminadores, pero no se los considera inspirados.

La inspiración de la Biblia es la acción del Espíritu Santo. Los escritores de los Textos Sagrados fueron inspirados por Dios. Ellos plasmaron por escrito lo que

Dios deseaba revelar a los seres humanos, de modo que la Biblia es la verdadera Palabra de Dios.

El **canon** de la Biblia se refiere a la lista definida de libros que se consideran revelados por Dios. La palabra "canon" literalmente significa "metro", "norma", "regla" o "patrón". Durante los tres primeros siglos de la era cristiana, el canon se aplicó para designar sustancialmente "la regla de fe" según la cual debían vivir los discípulos de Cristo. A partir del siglo IV, a este uso general del término, se le agrega otro complementario referido al "elemento normativo" de los libros inspirados por el Espíritu Santo. A estos libros se les llamó libros canónicos por haber sido reconocidos como tales por la Iglesia y propuestos por ella a los creyentes como norma de fe y vida cristianas.

La Iglesia toda, en su tradición viva, asistida por el Espíritu Santo y a través del Magisterio, fue reflexionando a lo largo del tiempo para discernir cuáles son los libros inspirados y canónicos. Para la decisión final se tuvieron presentes de manera conjunta, **tres grandes criterios para la inclusión de un libro en el canon:**

1. **Origen apostólico:** No necesariamente tenía que ser escrito por un apóstol, sino que debía ser parte de la iglesia apostólica.

2. **Uso extendido:** Debía ser parte en la vida litúrgica y pastoral de las comunidades cristianas que se iban desarrollando al extenderse la fe por todo el mundo conocido.

3. **Conformidad con la regla de la fe:** El texto no debería contener nada que fuera claramente contradictorio con los elementos esenciales de la vivencia de la fe que desde la predicación de los apóstoles se había establecido en las comunidades cristianas.

Todas las iglesias y confesiones cristianas tienen la misma cantidad de libros para el Nuevo Testamento. Con respecto al Antiguo Testamento la situación es diferente. Existen tres grandes tradiciones que surgieron a lo largo del tiempo partiendo del canon más corto de los judíos y extendiéndose a la aceptación o no de determinados libros por parte de cada una de las tradiciones. El tema es muy complejo. Simplemente presentamos a continuación un cuadro comparativo.

LOS LIBROS DEL ANTIGUO TESTAMENTO SEGÚN LAS PRINCIPALES TRADICIONES:

Judaísmo	Protestantes	Iglesia Católica	Orthodox
Génesis	Génesis	Génesis	Génesis
Éxodo	Éxodo	Éxodo	Éxodo
Levítico	Levítico	Levítico	Levítico
Números	Números	Números	Números
Deuteronomio	Deuteronomio	Deuteronomio	Deuteronomio
Josué	Josué	Josué	Josué
Jueces	Jueces	Jueces	Jueces
Rut	Rut	Rut	Rut
Samuel	I Samuel	I Samuel	I Samuel
Samuel	II Samuel	II Samuel	II Samuel
Reyes	I Reyes	I Reyes	I Reyes
Reyes	II Reyes	II Reyes	II Reyes
Isaías	Isaías	Isaías	Isaías
Jeremías	Jeremías	Jeremías	Jeremías
Ezequiel	Ezequiel	Ezequiel	Ezequiel
Crónicas	I Crónicas	I Crónicas	I Crónicas
Crónicas	II Crónicas	II Crónicas	II Crónicas
Esdras y Nehemías	Esdras	Esdras	Esdras
Esdras y Nehemías	Nehemías	Nehemías	Nehemías
		Tobías o Tobit	
		Judit	
Ester (sin sup. gr.)	Ester (sin sup. gr.)	Ester (con sup. gr.)	
		I Macabeos	
		II Macabeos	
			III Macabeos
			IV Macabeos
Job	Job	Job	Job
Salmos	Salmos	Salmos	Salmos
Proverbios	Proverbios	Proverbios	Proverbios
Eclesiastés	Eclesiastés	Eclesiastés	Eclesiastés
Cantar de los Cantares	Cantar de los Cantares	Cantar de los Cantares	Cantar de los Cantares
		Sabiduría	
		Eclesiástico	Eclesiástico
			Salmos de Salomón
Lamentaciones	Lamentaciones	Lamentaciones	Lamentaciones
		Baruc	
		Carta de Jeremías	
Daniel (sin sup. gr.)	Daniel (sin sup. gr.)	Daniel (con sup. gr.)	Daniel (con sup. gr.)
Oseas	Oseas	Oseas	Oseas
Joel	Joel	Joel	Joel
Amós	Amós	Amós	Amós
Abdías	Abdías	Abdías	Abdías
Jonás	Jonás	Jonás	Jonás
Miqueas	Miqueas	Miqueas	Miqueas
Nahum	Nahum	Nahum	Nahum
Habacuc	Habacuc	Habacuc	Habacuc
Sofonías	Sofonías	Sofonías	Sofonías
Hageo	Hageo	Hageo	Hageo
Zacarías	Zacarías	Zacarías	Zacarías
Malaquías	Malaquías	Malaquías	Malaquías

* Las abreviaturas "sin sup. gr." y "con sup. gr." significan "sin suplemento griego" y "con suplemento griego" respectivamente. Se trata de dos libros protocanónicos (introducidos en el canon en un primer momento), Ester y Daniel. Estos libros, con manuscritos básicamente escritos en hebreo, tienen algunas partes solo en griego consideradas deuterocanónicas (introducidas en el canon en un segundo momento).

EL NUEVO TESTAMENTO REFLEXIONA SOBRE LA INSPIRACIÓN

[14]**Tú, sigue firme en todo aquello que aprendiste, de lo cual estás convencido. Ya sabes quiénes te lo enseñaron.** [15]**Recuerda que desde niño conoces las sagradas Escrituras, que pueden instruirte y llevarte a la salvación por medio de la fe en Cristo Jesús.** [16]**Toda Escritura está inspirada por Dios y es útil para enseñar y reprender, para corregir y educar en una vida de rectitud,** [17]**para que el hombre de Dios esté capacitado y completamente preparado para hacer toda clase de bien** (2 Timoteo 3.14-17).

> *La santa Madre Iglesia, según la fe apostólica, tiene por santos y canónicos los libros enteros del Antiguo y Nuevo Testamento con todas sus partes, porque, escritos bajo la inspiración del Espíritu Santo, tienen a Dios como autor y como tales se le han entregado a la misma Iglesia* [5] *(Dei Verbum 11a).*

> *Los libros inspirados enseñan la verdad. "Pues, como todo lo que los autores inspirados o hagiógrafos afirman, debe tenerse como afirmado por el Espíritu Santo, hay que confesar que los libros de la Escritura enseñan firmemente, con fidelidad y sin error, la verdad que Dios quiso consignar en las sagradas letras para nuestra salvación" (DV 11)* [6] *(Catecismo de la Iglesia Católica 107).*

REFLEXIONES DE SAN AGUSTÍN CON RESPECTO AL "MISTERIO" DE LA INSPIRACIÓN BÍBLICA QUE CAPACITA A LOS ESCRITORES HUMANOS A HABLAR DE PARTE DE DIOS:

> *Explicar cuanto les fue dicho, en su pleno significado, es cosa que supera toda capacidad humana. Más aún, no dudo en afirmar, hermanos míos, que tal vez ni el mismo San Juan fue capaz: habló como pudo, porque era un hombre que hablaba de Dios. Inspirado, ciertamente, pero siempre hombre. Gracias a la inspiración, algo pudo decir: si no hubiera estado inspirado, no hubiera sido capaz de decir nada. Pero aunque estuviera inspirado no pudo decir todo el misterio: dijo lo que un hombre podía decir.* [7] *(San Agustín, Comentario al Evangelio de Juan 1,1).*

"…y por medio de él Dios reconcilió a todo el universo ordenándolo
hacia él, tanto lo que está en la tierra como lo que está en el cielo,
haciendo la paz mediante la sangre que Cristo derramó en la cruz."

(Colosenses 1.15-20).

CAPÍTULO 2

LA PALABRA DE DIOS: INTERPRETAR LA BIBLIA EN LA TRADICIÓN DE LA IGLESIA

BIBLIA Y TRADICIÓN: PALABRA DE DIOS

La fe cristiana reconoce que el concepto de **Palabra de Dios** tiene diversos niveles de compresión. Es un término análogo, no es algo que se realiza unívocamente y sólo en una determinada situación siempre igual. Muchas veces se comete el error de identificar los conceptos de Escritura y Palabra de Dios. El término "Palabra de Dios" es amplio y abarca diversas realidades. La Biblia es Palabra de Dios, pero no sólo la Biblia. El Hijo de Dios, Jesucristo, es también Palabra de Dios: "La Palabra se hizo hombre y vivió entre nosotros" (Juan 1.14a). Nos detendremos más adelante en el Señor como Palabra al considerar el capítulo 4.

> Para entender con claridad la diferencia y a la vez, la íntima relación que existe entre **Palabra** y **Escritura**, debemos recurrir al Concilio Vaticano II: "La Sagrada Tradición, pues, y la Sagrada Escritura constituyen un solo depósito sagrado de la palabra de Dios, confiado a la Iglesia."[8] (Dei Verbum 10a).

¿QUÉ ES LA TRADICIÓN?

La experiencia de encuentro con Dios no se agota con los acontecimientos de la Biblia. Hay una corriente de vida que llamamos **Tradición** y que consiste en la percepción del mensaje de Dios que, para cada tiempo, la Iglesia va detectando y presentando a sus fieles. La Palabra de Dios se revela más allá de la misma Biblia, que es un momento privilegiado de la revelación. Dios da a conocer su voluntad y se comunica con los hombres en la liturgia, a través del Magisterio de la Iglesia, por el ejemplo de los santos y por muchos otros canales en la multiforme y rica vida de la Iglesia a lo largo del tiempo.

Todos estos **ámbitos de la Tradición** junto con la **Sagrada Escritura** son para nosotros **Palabra de Dios**. En *El Sínodo de la Palabra* celebrado en octubre de 2008 se reflexionó mucho sobre este tema y se expresó una muy clara afirmación: *La Palabra de Dios precede y excede la Biblia* [9] (Mensaje Final nº 3). Este *preceder y exceder* señala la amplitud que el concepto de Palabra de Dios tiene para los cristianos católicos.

Por esto, la **Iglesia** ha enseñado siempre que nunca **se pueden separar Escritura** y **Tradición**; dependen la una de la otra. Desde la perspectiva bíblica, estar atentos a la Palabra de Dios significa leer la Biblia pero no de manera libre y aislada, sino en el marco de la Tradición que se vive en la Iglesia. Será en la madre Iglesia donde encontraremos siempre un horizonte de compresión mucho más amplio a la hora de interpretar y aplicar los textos sagrados a nuestra vida.

Analogía *"Verbi Dei"*

> *La expresión Palabra de Dios es analógica. Se refiere sobre todo a la Palabra de Dios en Persona que es el hijo Unigénito de Dios, nacido del Padre antes de todos los siglos, Verbo del padre hecho carne (cf. Juan 1,14). La Palabra divina, ya presente en la creación del universo y en modo especial del hombre, se ha revelado a lo largo de la historia de la salvación y es atestiguada por escrito en el Antiguo y en el Nuevo Testamento. Esta Palabra de Dios trasciende la Sagrada Escritura, aunque esta la contiene en modo muy singular. Bajo la guía del Espíritu (cf. Juan 14,26; 16,12-15) la Iglesia la custodia y la conserva en su Tradición viva [10] (cf. Dei Verbum 10) y la ofrece a la humanidad a través de la predicación, los*

sacramentos y el testimonio de vida. Los Pastores, por lo tanto, deben educar
al Pueblo de Dios a acoger los diversos significados de la expresión Palabra
de Dios [11] (Sínodo de los Obispos sobre la Palabra de Dios, Proposición 3).

BIBLIA E INTERPRETACIÓN

Interpretar correctamente la Biblia no es un tema sencillo. De más está decir que las grandes divisiones que hemos experimentado los cristianos a lo largo de los siglos tienen que ver con las interpretaciones, diferentes y hasta contrarias, de determinados textos de la Biblia.

Para el cristiano católico el elemento esencial para interpretar la Biblia tiene que ver con la Iglesia. **La Escritura se interpreta de acuerdo con la fe de la Iglesia.** Hay mucha bibliografía y excelentes documentos que nos orientan en este tema. Y si bien los principios suelen ser muy claros, la dificultad surge cuando se quiere lograr una interpretación de la Biblia para la aplicación a la vida de los seres humanos.

En la vida de la Iglesia existe un presupuesto básico: todo creyente puede leer e interpretar un texto bíblico para luego aplicarlo a su vida. Pero existen también distintos niveles de profundidad y de responsabilidad en esta capacidad de interpretación. Es aquí donde el **Magisterio de la Iglesia** tiene el encargo de , escrita o transmitida [12] (cfr. Dei Verbum 10b).

El Magisterio, asistido por el Espíritu, escucha la Palabra de Dios, la guarda con exactitud y la expone con fidelidad para que la salvación llegue a todos los seres humanos. Cuando la Iglesia, asistida por la tradición y el Magisterio, interpreta la Escritura, todos los creyentes vamos tras lo interpretado y aplicamos a nuestra vida la Palabra de Dios. Esto nos ayuda a madurar más como cristianos.

El Concilio Vaticano II señala tres criterios para interpretar correctamente la Escritura:

…Y como la Sagrada Escritura hay que leerla e interpretarla con el mismo
Espíritu con que se escribió para sacar el sentido exacto de los textos
sagrados, hay que atender no menos diligentemente al contenido y a la
unidad de toda la Sagrada Escritura, teniendo en cuanta la Tradición viva
de toda la Iglesia y la analogía de la fe…[13] (Dei Verbum 12c).

Explicaremos brevemente cada uno de ellos:

1. **La unidad de toda la Escritura:** Esto implica que ningún texto debe ser interpretado aisladamente. Como hemos visto, la Biblia es más que un libro, es una biblioteca de más de 70 libros, compuestos por autores humanos diferentes, en marcos culturales muy diversos, en el espacio de muchos siglos. La Biblia es *múltiple* en este sentido y sin embargo, es *una y única*. En la Biblia hay coherencia y unidad desde el primero hasta el último versículo. [que tiene que ver con *la verdad que Dios quiso consignar en las sagradas letras para nuestra salvación*[14] (Dei Verbum 11b).] En la Escritura Dios no nos habla por medio de un solo texto aislado sino a través de todos los textos del canon. Cada libro de la Biblia ilumina a los restantes libros. Esto explica la naturaleza progresiva de la revelación de la Escritura.

2. **La Tradición viva de la Iglesia:** La Biblia debe ser interpretada dentro de la Tradición de la Iglesia. El marco primero y principal de interpretación de la Escritura es la vida de la Iglesia. La Biblia fue escrita dentro de una comunidad viviente. Es importante entonces observar atentamente cómo esa comunidad vivía y siguió viviendo esa Palabra que había puesto por escrito por inspiración divina.

3. **La analogía de la fe:** No podemos separar la interpretación de la Biblia de la vivencia de la fe. Lo que recibimos mediante la lectura bíblica tienen que ser coherente con lo que la Iglesia tiene en su depósito de fe. Ninguna lectura de la Biblia puede colocar a la persona en conflicto o al margen de la fe de la Iglesia, porque el Espíritu Santo que inspiró la Escritura es el mismo que conduce a la Iglesia. La Escritura es un libro de fe y este es un elemento esencial que no se puede obviar nunca a la hora de interpretarla.

La Sagrada Tradición, la Sagrada Escritura y el Magisterio de la Iglesia, según el designio sapientísimo de Dios, están entrelazados y unidos de tal forma que no tiene consistencia el uno sin el otro, y que, juntos, cada uno a su modo, bajo la acción del Espíritu Santo, contribuyen eficazmente a la salvación de las almas. [15] *(Dei Verbum 10c).*

LA INTERPRETACIÓN Y EL ESPÍRITU SANTO

El Catecismo de la Iglesia Católica recuerda la gran enseñanza del Concilio Vaticano II con respecto a la inseparable relación entre la interpretación de la Biblia y el Espíritu Santo:

> *Pero, dado que la Sagrada Escritura es inspirada, hay otro principio de la recta interpretación, no menos importante que el precedente, y sin el cual la Escritura sería letra muerta: "La Escritura se ha de leer e interpretar con el mismo Espíritu con que fue escrita" (DV 12,3)* [16] *(Catecismo de la Iglesia 111).*

¿Qué significa interpretar la Escritura con el mismo Espíritu con que fue escrita?

Significa captar que el mismo Espíritu Santo que inspiró a los autores sagrados para escribir la Escritura, hoy sigue actuando en el corazón del creyente iluminándolo para llegar a una correcta interpretación. La Biblia es un libro de fe, un libro religioso, un libro confesional. Solamente una actitud de fe, una presencia religiosa y una convicción confesional puede garantizar la acción del mismo Espíritu Santo que hoy actúa en el mundo. No es suficiente el análisis histórico de los acontecimientos que se describen o el conocimiento de los géneros literarios para la interpretación bíblica. Es necesaria una actitud creyente que se deje guiar por el Espíritu Santo. Es importante tener presente la dimensión espiritual o pneumatológica (del griego *pneuma* que significa espíritu) de la Escritura y creer en ella como la Palabra de Dios o se convertirá en letra muerta, una reliquia sin vida del pasado, insignificante para nuestra vida hoy.

La Biblia nació bajo el influjo del Espíritu Santo, por lo cual debe ser leída e interpretada con la dirección del mismo Espíritu Santo. Este principio general debe tenerse presente siempre tanto en la lectura personal como comunitaria, tanto para el Magisterio como para el grupo de *Lectio Divina*, tanto para el exégeta como para el catequista. Es la Tercera Persona de la Santísima Trinidad la que nos permite armonizar con la revelación de Dios para hacer una verdadera lectura espiritual de la Biblia. Una interpretación de la Escritura en el Espíritu implica docilidad a la dirección que señala el Espíritu Santo. El que quiera andar en la verdad deberá abrirse al Espíritu. Por esos dice el Señor: **"Cuando venga el Espíritu de la verdad, él los guiará a toda verdad"** (Juan 16.13a).

EL ESPÍRITU SANTO Y LA PALABRA DE DIOS

Las Sagradas Escrituras, siendo don entregado por el Espíritu Santo a la Iglesia Esposa de Cristo, tienen en la Iglesia su lugar hermenéutico propio. El mismo Espíritu, que es autor de las Sagradas Escrituras, es también guía de su recta interpretación en la formación a través de los tiempos de la 'fides Ecclesiae'. El Sínodo recomienda a los pastores recordar a todos los bautizados el papel del Espíritu Santo en la inspiración [17] (cf. DV 11), en la interpretación y en la comprensión de las Sagradas Escrituras [18] (cf. DV 12). En consecuencia, todos nosotros discípulos estamos invitados a invocar con frecuencia al Espíritu Santo, para que Él nos conduzca al conocimiento cada vez más profundo de la Palabra de Dios y al testimonio de nuestra fe (cf. Juan 15,26-27). Recuerden los fieles que las Sagradas Escrituras se cierran evocando el grito común del Espíritu y de la Esposa: "Ven Señor Jesús" (cf. Apocalipsis 22,17.20)[19] (Sínodo de los Obispos sobre la Palabra de Dios, Proposición 5).

...la Biblia también es Verbo eterno y divino y por este motivo exige otra comprensión, dada por el Espíritu Santo que devela la dimensión trascendente de la Palabra divina, presente en las palabras humanas [20] (Mensaje al Pueblo de Dios del Sínodo de los Obispos sobre la Palabra de Dios 5c).

LOS GÉNEROS LITERARIOS EN EL PROCESO DE INTERPRETACIÓN

Para interpretar correctamente la Escritura también es fundamental tener presente que los Textos Sagrados están en diversos géneros literarios. La verdad que se quiere transmitir es presentada de diversas maneras y expresada en un género literario específico para un determinado contexto cultural y una determinada época. Para una interpretación apropiada del mensaje de cualquier pasaje de la Biblia, debemos entender algo del trasfondo cultural, la época en que se escribió y el estilo literario empleado.

En la Sagrada Escritura tenemos varios géneros literarios. Citamos algunos ejemplos del Antiguo Testamento:

- **Relatos Epicos** (cf. Jueces 9.8-15)
- **Sueños y visiones** (cf. 1 Reyes 3.4-15)
- **Crónicas** (cf. 2 Samuel 2.9-20)
- **Relato vocacional** (cf. Isaías 6.1-13)

En el Nuevo Testamento se pueden nombrar:

- **Parábolas** (cf. Mateo 13; Lucas 15)
- **Controversias** (cf. Marcos 11.27-33)
- **Himnos** (cf. Filipenses 2.6-11; Colosenses 1.15-20)
- **Catálogo de vicios y virtudes** (Romanos 1.29-31; Gálatas 5.19-21)

   Para descubrir la intención de los hagiógrafos, entre otras cosas hay que atender a "los géneros literarios". Puesto que la verdad se propone y se expresa de maneras diversas en los textos de diverso género: histórico, profético, poético o en otros géneros literarios. Conviene, además, que el intérprete investigue el sentido que intentó expresar y expresó el hagiógrafo en cada circunstancia según la condición de su tiempo y de su cultura, según los géneros literarios usados en su época. Pues para entender rectamente lo que el autor sagrado quiso afirmar en sus escritos, hay que atender cuidadosamente tanto a las formas nativas usadas de pensar, de hablar o de narrar vigentes en los tiempos del hagiógrafo, como a las que en aquella época solían usarse en el trato mutuo de los hombres. [21] (Dei Verbum 12b).

CAPÍTULO 3

JESÚS, PALABRA VIVIENTE

JESUCRISTO, CENTRO DE TODA LA ESCRITURA

La Sagrada Escritura es la Palabra de Dios escrita. Jesucristo es la Palabra de Dios viviente: "En tiempos antiguos Dios habló a nuestros antepasados muchas veces y de muchas maneras por medio de los profetas. Ahora, en estos tiempos últimos, nos ha hablado por su Hijo, mediante el cual creó los mundos y al cual ha hecho heredero de todas las cosas" (Hebreos 1.1, 2). El Dios de amor "ha hablado". En su bondad se revela, se da a conocer a la humanidad. Lo hizo en tiempos pasados a través de hombres y mujeres (patriarcas, jueces, profetas), y lo hace en la plenitud de los tiempos a través de su Hijo, nuestro Señor Jesucristo, verdadero Dios y verdadero hombre.

¿Qué relación existe entre la Biblia, la Palabra de Dios escrita, y Jesucristo, la Palabra de Dios viviente?

San Jerónimo expresó en el siglo IV: *Ignorar las Escrituras es ignorar a Cristo.* [22] Blaise Pascal, matemático, físico y filósofo del siglo XVII, resume muy bien la relación entre Cristo y la Escritura en esta frase: *Toda la Biblia gira alrededor de Jesucristo: El Antiguo Testamento lo considera como su esperanza, el Nuevo como su modelo, y ambos como su centro.* [23] Nótese como Jesucristo también es centro del Antiguo Testamento. El Papa Benedicto XVI, el 23 de abril de 2009 decía a los miembros de la Pontificia Comisión Bíblica: *De hecho, a pesar de lo diferentes que sean los libros que la componen, la Sagrada Escritura es una en virtud de la unidad del diseño de Dios, del que Cristo Jesús es el centro y el corazón (cf. Lucas 24,25-27; Lucas 24,44-46).*

La Biblia en su unidad es como un árbol que hunde sus raíces en el Antiguo Testamento y florece en el Nuevo. Las dos partes que la componen encuentran su unidad en Jesucristo. Como la Palabra de Dios viviente, Cristo es la llave maestra que nos permite descifrar el sentido más profundo de las Escrituras.

Jesús en varias ocasiones recibe el título de profeta. Y realmente lo era. Pero no es uno más entre los muchos profetas que Dios envió a su pueblo. El Señor es *el Profeta* con mayúscula, dado que en él se cumplen todas las profecías. Jesús, como Profeta, no es sólo un transmisor de la Palabra de Dios, sino que él mismo es *la Palabra de Dios viviente y verdadera*. Jesús, la Palabra en persona, es la Palabra última y definitiva que da sentido, unidad y cohesión a todas las otras formas de Palabra mediante las cuales Dios se ha revelado a lo largo del tiempo.

Es interesante la reflexión de la Primera Carta de San Pedro: **"El Espíritu de Cristo hacía saber de antemano a los profetas lo que Cristo había de sufrir y la gloria que vendría después; y ellos trataban de descubrir el tiempo y las circunstancias que señalaba ese Espíritu que estaba en ellos"** (1 Pedro 1.11). Los profetas del Antiguo Testamento fueron inspirados e iluminados por el mismo Señor Jesucristo.

El Maestro es para nosotros el gran protagonista de ambos testamentos. Confrontado por los judíos, Jesús les dijo que las Escrituras (el Antiguo Testamento) dan testimonio de él: **"Ustedes estudian las Escrituras con mucho cuidado, porque esperan encontrar en ellas la vida eterna; sin embargo, aunque las Escrituras dan testimonio de mí, ustedes no quieren venir a mí para tener esa vida"** (Juan 5.39, 40). En otro contexto, en el Evangelio de Lucas, cuando se aparece resucitado a sus discípulos les dice: **"Lo que me ha pasado es aquello que les anuncié cuando estaba todavía con ustedes: que había de cumplirse todo lo que está escrito de mí en la ley de Moisés, en los libros de los profetas y en los salmos"** (Lucas 24.44).

En Cristo se han cumplido plenamente las profecías del Antiguo Testamento. Pero como a los discípulos les era difícil comprender, será el mismo Señor quien les abra sus mentes para que entiendan y crean: **"Entonces hizo que entendieran las Escrituras"** (Lucas 24.45).

Para realizar una obra tan grande, Cristo está siempre presente en su Iglesia, sobre todo en la acción litúrgica. Está presente en el sacrificio de la Misa, sea en la persona del ministro, "ofreciéndose ahora por ministerio de los sacerdotes el mismo que entonces se ofreció en la cruz", [24] sea sobre todo bajo las especies eucarísticas. Está presente con su fuerza en los Sacramentos, de modo que, cuando alguien bautiza, es Cristo quien bautiza. [25] Está presente en su palabra, pues cuando se lee en la Iglesia la Sagrada Escritura, es Él quien habla... [26] (Sacrosanctum Concilium 7a).

Después que Dios habló muchas veces y de muchas maneras por los Profetas, "últimamente, en estos días, nos habló por su Hijo". Pues envió a su Hijo, es decir, al Verbo eterno, que ilumina a todos los hombres, para que viviera entre ellos y les manifestara los secretos de Dios; Jesucristo, pues, el Verbo hecho carne, "hombre enviado, a los hombres", [27] "habla palabras de Dios" y lleva a cabo la obra de la salvación que el Padre le confió. Por tanto, Jesucristo -ver al cual es ver al Padre-, con su total presencia y manifestación personal, con palabras y obras, señales y milagros, y, sobre todo, con su muerte y resurrección gloriosa de entre los muertos; finalmente, con el envío del Espíritu de verdad, completa la revelación y confirma con el testimonio divino que vive en Dios con nosotros para librarnos de las tinieblas del pecado y de la muerte y resucitarnos a la vida eterna. [28] (Dei Verbum 4a).

La Palabra de Dios es un manantial inagotable

Señor, ¿quién es capaz de comprender toda la riqueza de una sola de tus palabras? Es más lo que dejamos que lo que captamos, como los sedientos que beben de un manantial. Las perspectivas de la Palabra de Dios son numerosas, según las posibilidades de los que la estudian. El Señor ha pintado su Palabra con diferentes colores, para que cada discípulo pueda contemplar lo que le agrada. Encerró en su Palabra muchos tesoros, para que cada uno de nosotros al meditarla, encuentre una riqueza.

El que alcanza una parte del tesoro no crea que esa Palabra contiene sólo lo que él encontró, sino piense que él únicamente encontró una parte de lo mucho que ella encierra. Enriquecido por la Palabra, no crea que esta se ha empobrecido, sino que viendo, que no ha podido captar todo, dé gracias, a causa de su gran riqueza. Alégrate de haber sido vencido, y no te entristezcas que te haya superado. El sediento se alegra cuando bebe, y no se entristece porque no puede agotar el manantial, porque si tu sed se sacia antes de que se agote el manantial, cuando vuelvas a tener sed podrás beber nuevamente de él; si, por el contrario, una vez saciada tu sed, el manantial se secara, tu victoria se convertiría en un mal para ti.

Da gracias por lo que recibiste, y no te pongas triste por lo que queda y sobreabunda. Lo que recibiste, lo que a ti te tocó, es tu parte; pero lo que queda es tu herencia. Lo que a causa de tu debilidad no puedes recibir ahora, lo podrás recibir, si perseveras, en otros momentos. No intentes beber avaramente de una sola vez lo que no se puede beber de una sola vez, ni renuncies por negligencia a lo que podrás beber poco a poco. [29] (San Efrén, siglo IV, Diácono y Doctor de la Iglesia).

JESUCRISTO, EL ROSTRO DE LA PALABRA DE DIOS

Jesús es realmente la Palabra de Dios viviente presente en el Antiguo y el Nuevo Testamento. En el Mensaje Final del Sínodo de Obispos sobre la Palabra, los Padres plantearon un viaje espiritual en cuatro etapas para captar fructíferamente la luz de la Palabra de Dios.

- La primera de estas etapas es la **voz** de la Palabra: La revelación.
- La segunda es el **rostro** de la Palabra: Jesucristo.
- La tercera es la **casa** de la Palabra: La Iglesia.
- La cuarta etapa son los **caminos** de la Palabra: La misión.

En este punto nos concentramos en Jesucristo como el *rostro de la Palabra de Dios.*

Jesucristo, la Segunda Persona de la Santísima Trinidad, la Palabra eterna, el verdadero rostro de Dios, entra en el tiempo y el espacio, entra en la historia humana para hacerse cercano y tangible. La Palabra se hace carne, un ser humano, para entrar en contacto personal con los seres humanos. En el Sínodo de octubre de 2008, dicen los Padres en el número 4 del Mensaje Final:

El Jesucristo real es, por tanto, carne frágil y mortal, es historia y humanidad, pero también es gloria, divinidad, misterio: Aquel que nos ha revelado el Dios que nadie ha visto jamás (cf. Juan 1,18). El Hijo de Dios sigue siendo el mismo aún en ese cadáver depositado en el sepulcro y la resurrección es su testimonio vivo y eficaz. [30]

En Jesucristo, Dios se hace visible a los hombres, por eso dirá el hermoso himno cristológico de la carta a los colosenses que **"Cristo es la imagen visible de Dios, que es invisible"** (Colosenses 1.15a).

- En el Señor, Dios se hace visible y entra en diálogo directo con la humanidad.
- El misterio de la Encarnación sitúa a Jesús de Nazaret en una época y una cultura determinadas.
- Se encarnó por obra del Espíritu Santo en María, la Virgen, y vivió una vida humana como todos, pero sin pecado.
- Él es el Dios cercano a nosotros.
- Él es el verdadero rostro de la Palabra de Dios.
- Él es verdadero Dios y verdadero hombre que hace posible el auténtico encuentro entre Dios y la humanidad.

Jesús es *la Palabra* que nos explica *las palabras* de la Escritura. Él y sólo él puede revelar el sentido profundo de la Biblia. **Abrir nuestro corazón al Señor es la condición para esta revelación más profunda.** Dejemos que, como a los discípulos en el camino de Emaús, él nos explique la Biblia. Qué bueno sería poder repetir mil veces en nuestra vida: **"¿No es verdad que el corazón nos ardía en el pecho cuando nos venía hablando por el camino y nos explicaba las Escrituras?"** (Lucas 24.32).

Jesús es realmente el rostro de la Palabra y a la vez, el "rostro" auténtico del hombre. Recordemos la hermosa reflexión del Siervo de Dios Juan Pablo II: *La Iglesia en América debe hablar cada vez más de Jesucristo, rostro humano de Dios y rostro divino del hombre.* [31] (Ecclesia in America 67; cf. también en el Documento de Aparecida 107 y 392). Una vez más, el misterio de la Encarnación nos permite conciliar lo que al parecer no se puede conciliar. En Jesucristo, la Palabra de Dios viviente, los dos rostros, aunque diferentes, se unen y dan al hombre un horizonte insospechado de vida en su plenitud.

El Dios omnipotente y a la vez cercano, el Dios inmutable y a la vez crucificado, el Dios trascendente y a la vez histórico, se revela en Jesucristo, la Palabra de Dios viviente que nos llama a todos a participar de la vida divina.

Dios, pues, inspirador y autor de ambos Testamentos, dispuso las cosas tan sabiamente que el Nuevo Testamento está latente en el Antiguo y el Antiguo está patente en el Nuevo. [32] *Porque, aunque Cristo fundó el Nuevo Testamento en su sangre, no obstante los libros del Antiguo Testamento recibidos íntegramente en la proclamación evangélica,* [33] *adquieren y manifiestan su plena significación en el Nuevo Testamento, ilustrándolo y explicándolo al mismo tiempo.* [34] *(Dei Verbum 16).*

¿Qué importancia tiene el Nuevo Testamento para los cristianos?

El Nuevo Testamento, cuyo centro es Jesucristo, nos transmite la verdad definitiva de la Revelación divina. En él, los cuatro Evangelios de Mateo, Marcos, Lucas y Juan, siendo el principal testimonio de la vida y doctrina de Jesús, constituyen el corazón de todas las Escrituras y ocupan un puesto único en la Iglesia. [35] *(Compendio del Catecismo de la Iglesia Católica 22).*

**"Esta copa es la nueva alianza confirmada con mi sangre,
la cual es derramada en favor de ustedes."**
(Lucas 22.20b).

"Aquel que es la Palabra se hizo hombre y vivió entre nosotros. Y hemos visto su gloria, la gloria que recibió del Padre por ser su Hijo único abundante en amor y verdad."

(Juan 1.14a).

CAPÍTULO 4

DISCÍPULOS MISIONEROS DEL SEÑOR: ESPIRITUALIDAD DEL SEGUIMIENTO DE CRISTO

I – HACER "EXPERIENCIA DE ENCUENTRO" CON EL SEÑOR

En las últimas décadas la Iglesia ha renovado su énfasis en lo vitalmente importante que es el seguimiento del Señor. Hombres y mujeres de todas las edades y en todas las vocaciones han recibido un llamamiento bautismal para seguir al Señor. El evangelista Marcos lo señala muy bien: **"Después Jesús subió a un cerro, y llamó a los que le pareció bien. Una vez reunidos, eligió de entre ellos a doce, para que lo acompañaran y para mandarlos a anunciar el mensaje"** (Marcos 3.13, 14a). Aquí está lo esencial de la identidad cristiana: Acompañar a Jesús, estar con él, anunciar su mensaje y salir a evangelizar. En terminología del *Documento de Aparecida* diremos: Discípulos misioneros del Señor.

Esta insistencia en el seguimiento de Cristo revistió un matiz particular en el Magisterio del Santo Padre Juan Pablo II. En efecto, cuando el querido y recordado Papa lanza su propuesta para el inicio del tercer milenio en la Carta Apostólica *Novo Millennio Ineunte*, dijo:

> *En primer lugar, no dudo en decir que la perspectiva en la que debe situarse*
> *el camino pastoral es el de la santidad. …hacer hincapié en la santidad*
> *es más que nunca una urgencia pastoral. …este ideal de perfección no ha*

de ser malentendido, como si implicase una especie de vida extraordinaria, practicable sólo por algunos «genios» de la santidad. Los caminos de la santidad son múltiples y adecuados a la vocación de cada uno....Es el momento de proponer de nuevo a todos con convicción este «alto grado» de la vida cristiana ordinaria....los caminos de la santidad son personales y exigen una pedagogía de la santidad verdadera y propia, que sea capaz de adaptarse a los ritmos de cada persona. [36] *(30-31).*

¡Qué maravilla y lucidez! ¡Qué gracia de Dios que el Santo Padre nos proponga el camino de santidad como lo esencial para el discípulo de Cristo al inicio del tercer milenio! Santidad y seguimiento de Cristo se corresponden dinámicamente para ser fieles al llamado de Dios.

¿Qué significa seguir al Señor?

¿Qué alcance tiene la llamada particular a la santidad que Dios nos hace?

¿Qué implica ser discípulo misionero del Señor?

Dejemos que la misma Palabra de Dios nos ilumine. Comencemos con la experiencia de los primeros llamados por el Señor en el Evangelio según San Juan:

[35]Al día siguiente, Juan estaba allí otra vez con dos de sus seguidores. [36]Cuando vio pasar a Jesús, Juan dijo:

—¡Miren, ese es el Cordero de Dios!

[37]Los dos seguidores de Juan lo oyeron decir esto, y siguieron a Jesús. [38]Jesús se volvió, y al ver que lo seguían les preguntó:

—¿Qué están buscando?

Ellos dijeron:

—Maestro, ¿dónde vives?

[39]Jesús les contestó:

—Vengan a verlo.

Fueron, pues, y vieron dónde vivía, y pasaron con él el resto del día, porque ya eran como las cuatro de la tarde.

⁴⁰Uno de los dos que oyeron a Juan y siguieron a Jesús, era Andrés, hermano de Simón Pedro. ⁴¹Al primero que Andrés se encontró fue a su hermano Simón, y le dijo:

—Hemos encontrado al Mesías (que significa: Cristo) (Juan 1.35-41).

Juan Bautista está con dos de sus discípulos cuando estos ven a Jesús. El Bautista no vacila en señalar a quién debían seguir: Jesús es el Cordero de Dios. Los seguidores de Juan inmediatamente van detrás del Señor. Al percibir a los dos seguidores, el Maestro les pregunta: "¿Qué buscan?" Ellos responden que quieren saber dónde vive el Señor. Jesús entonces los invita: "vengan a verlo". El Señor los invita a encontrarse personalemente con él y pasan todo el resto de ese día en su compañía. Esta es la clave del cristianismo: Hacer experiencia de encuentro con el Señor.

El Papa Benedicto XVI lo dirá con gran claridad: *No se comienza a ser cristiano por una decisión ética o una gran idea, sino por el encuentro con un acontecimiento, con una Persona, que da un nuevo horizonte a la vida y, con ello, una orientación decisiva* ³⁷ (Deus caritas est, 1b). Ese "acontecimiento", esa "Persona" es nuestro Señor Jesucristo que realmente da un nuevo significado a la vida del hombre. No está en primer lugar ni la ética, ni la moral cristiana, sino la invitación que el mismo Señor nos hace experimentar de encuentro personal con él. Sólo la vida orientada por el evangelio puede conducirnos a tal bendito encuentro.

Sólo desde el encuentro vital se podrá iniciar un camino de auténtico seguimiento de Cristo. Esta experiencia de encuentro es tan intensa que transformó a Andrés y a su compañero en discípulos del Señor. Esa experiencia de discipulado va acompañada inmediatamente de la dimensión misionera: Andrés se encontró con su hermano Simón e inmediatamente le cuenta, le narra, le anuncia, que han encontrado al Mesías esperado. Lo que ha visto y oído en la experiencia de encuentro con el Señor no es para callarlo y guardarlo celosamente en el corazón. De ese mismo encuentro brotará una fuerza y un entusiasmo tal, que buscará ser comunicado a otros: **"Les escribimos a ustedes acerca de aquello que ya existía desde el principio, de lo que hemos oído y de lo que hemos visto con nuestros propios ojos. Porque lo hemos visto y lo hemos tocado con nuestras manos. Se trata de la Palabra de vida. Esta vida se manifestó: nosotros la vimos y damos testimonio de ella, y les anunciamos a ustedes esta vida eterna, la cual estaba con el Padre y se nos ha manifestado"** (1 Juan 1.1, 2).

- Los primeros llamados al seguimiento de Cristo en el Evangelio según San Juan son el testimonio real y concreto de lo que debe ser el camino de una espiritualidad del seguimiento de Cristo.

- Estos pocos versículos que acabamos de leer nos señalan las pistas esenciales: Vivir un encuentro personal con Cristo y comenzar a anunciar el gozo de ese encuentro a otros.

- En el *Documento de Aparecida* se define el seguimiento de Cristo como un auténtico discipulado misionero.

- El discipulado es el único camino para ser cristiano. Es el único método eficaz creado y empleado por Jesús, la Palabra viviente. Es el que la Iglesia ha enseñado y enseña a lo largo del tiempo.

La naturaleza misma del cristianismo consiste, por lo tanto, en reconocer la presencia de Jesucristo y seguirlo. Ésa fue la hermosa experiencia de aquellos primeros discípulos que, encontrando a Jesús, quedaron fascinados y llenos de estupor ante la excepcionalidad de quien les hablaba, ante el modo cómo los trataba, correspondiendo al hambre y sed de vida que había en sus corazones. El evangelista Juan nos ha dejado plasmado el impacto que produjo la persona de Jesús en los dos primeros discípulos que lo encontraron, Juan y Andrés. Todo comienza con una pregunta: "¿Qué buscan?" (Jn 1,38). A esa pregunta siguió la invitación a vivir una experiencia: "Vengan y lo verán" (Jn 1,39). Esta narración permanecerá en la historia como síntesis única del método cristiano [38] *(Documento de Aparecida 244).*

LA PALABRA DE DIOS EN LA IGLESIA

La Palabra de Dios no puede, en modo alguno, quedar oculta bajo el celemín; al contrario, debe ser colocada en lo más alto de la Iglesia, como el mejor de sus adornos. Si la Palabra quedara disimulada bajo la letra de la ley, como bajo un celemín, dejaría de iluminar con su luz eterna a los hombres. Escondida bajo el celemín, la Palabra ya no sería fuente de contemplación espiritual para los que desean librarse de la seducción de los sentidos, que, con su engaño, nos inclinan a captar solamente las cosas pasajeras y materiales: puesta, en cambio, sobre el candelero de la Iglesia, es decir interpretada por el culto en espíritu y verdad, la Palabra de Dios ilumina a todos los hombres. La letra, en efecto, si no se interpreta según su sentido espiritual, no tiene más valor que el sensible y está limitada a lo que significan materialmente sus palabras, sin que el alma llegue a comprender el sentido de lo que está escrito.

No coloquemos, pues, bajo el celemín, con nuestros pensamientos racionales, la lámpara encendida (es decir, la Palabra que ilumina la inteligencia), a fin de que no se nos pueda culpar de haber colocado bajo la materialidad de la letra la fuerza incomprensible de la sabiduría; coloquémosla, más bien, sobre el candelero (es decir, sobre la interpretación que le da la Iglesia), en lo más elevado de la genuina contemplación; así iluminará a todos los hombres con los fulgores de la revelación divina [39] (De las Cuestiones de San Máximo Confesor, abad, a Talasio, siglo VII).

II – MARÍA, MADRE DE LA PALABRA ENCARNADA, MODELO Y EJEMPLO DEL SEGUIMIENTO DE DIOS

La Santísima Virgen María es el ejemplo perfecto de la discípula misionera del Señor. Ella es la que experimentó el seguimiento de Cristo hasta las últimas consecuencias y exigencias. Leyendo los primeros capítulos del Evangelio según San Lucas, percibimos la relación íntima que existe entre la Virgen y la Palabra de Dios. El Papa Benedicto XVI dice al respecto:

El Magníficat —un retrato de su alma, por decirlo así— está completamente tejido por los hilos tomados de la Sagrada Escritura, de la Palabra de Dios. Así se pone de relieve que la Palabra de Dios es verdaderamente su propia casa, de la cual sale y entra con toda naturalidad. Habla y piensa con la Palabra de Dios; la Palabra de Dios se convierte en palabra suya, y su palabra nace de la Palabra de Dios. Así se pone de manifiesto, además, que sus pensamientos están en sintonía con el pensamiento de Dios, que

> *su querer es un querer con Dios. Al estar íntimamente penetrada por la*
> *Palabra de Dios, puede convertirse en madre de la Palabra encarnada....*[40]
> *(Deus caritas est, 41).*

Las expresiones que utiliza el Santo Padre para relacionar a María con la Palabra son hermosas, reales y, a la vez, poéticas. La Virgen es la mujer de la Palabra hasta tal punto que todo en ella está relacionado con la Palabra. De manera particular, su seguimiento de Dios estuvo marcado por la fidelidad a la Palabra en su vida. Tanto en circunstancias gozosas, por ejemplo como en el recién mencionado *Magníficat,* como en circunstancias más dolorosas en la vida de la Virgen.

En el Evangelio según San Lucas aparece la actitud del corazón de la Virgen ante el gran misterio de su vida revelado ante ella. Después del nacimiento de su Hijo, en el marco de la adoración y alegría de los ángeles y pastores, María guarda todo esto en su corazón (cf. Lucas 2.19). El niño Jesús creció en fortaleza y sabiduría, y a la edad de doce años es llevado al templo. Las Escrituras narran el episodio entre Jesús y los doctores de la ley en el templo (cf. Lucas 2.41-52). En este contexto una vez más: **"Su madre guardaba todo esto en su corazón"** (Lucas 2.51b). En este sentido, María es la que sabe esperar los tiempos de Dios. La que contempla su propia vida desde la Palabra divina. La que no desespera. La que guarda, medita y manifiesta la Palabra en su propia vida. Por eso es muy elocuente la expresión que aparece varios capítulos más adelante en el mismo Evangelio según San Lucas: **"Dichosos más bien quienes escuchan lo que Dios dice, y lo obedecen"** (Lucas 11.28). María es una auténtica discípula del Señor porque ella escuchó su Palabra, la obedeció y la puso en práctica en su vida.

Esta fidelidad y seguimiento ejemplar se verán ratificados por los dos últimos episodios evangélicos que señalamos. Por un lado, el momento doloroso al pie de la cruz, donde contemplando a su Hijo torturado y agonizante no desespera, es fiel a la Palabra y sabe que Dios tiene todo en sus manos aunque las apariencias señalen otra cosa (cf. Juan 19.25-27). Por otra parte, la Santísima Virgen, volverá a escena en medio de los apóstoles orando en comunidad luego de la muerte y resurrección del Señor (cf. Hechos 1.12-14). Después de la Ascensión de su Hijo ella sigue siendo discípula y misionera en la primitiva comunidad cristiana. Por que años antes, como primera misionera de Jesús, llevó la presencia de su Hijo en su seno para colmar de alegría a

Isabel y a Juan el Bautista, todavía en el seno de su madre (cf. Lucas 1.39-45), ahora será la que lleve la presencia de Jesús muerto y resucitado para alegría y plenitud de todos los hombres y de todos los pueblos.

La máxima realización de la existencia cristiana como un vivir trinitario de "hijos en el Hijo" nos es dada en la Virgen María quien, por su fe (cf. Lucas 1,45) y obediencia a la voluntad de Dios (cf. Lucas 1,38), así como por su constante meditación de la Palabra y de las acciones de Jesús (cf. Lucas 2,19.51), es la discípula más perfecta del Señor. Interlocutora del Padre en su proyecto de enviar su Verbo al mundo para la salvación humana, María, con su fe, llega a ser el primer miembro de la comunidad de los creyentes en Cristo, y también se hace colaboradora en el renacimiento espiritual de los discípulos. Del Evangelio, emerge su figura de mujer libre y fuerte, conscientemente orientada al verdadero seguimiento de Cristo. Ella ha vivido por entero toda la peregrinación de la fe como madre de Cristo y luego de los discípulos, sin que le fuera ahorrada la incomprensión y la búsqueda constante del proyecto del Padre. Alcanzó, así, a estar al pie de la cruz en una comunión profunda, para entrar plenamente en el misterio de la Alianza. [41] (Documento de Aparecida 266).

MARÍA: *MATER DEI ET MATER FIDEI*

El Sínodo, que se propone sobre todo renovar la fe de la Iglesia en la Palabra de Dios, mira a María, la Virgen Madre del Verbo Encarnado, que con su sí a la Palabra de la Alianza y a su misión, cumple perfectamente la vocación divina de la humanidad. Los Padres sinodales sugieren difundir entre los fieles la oración del Ángelus, memoria cotidiana del Verbo Encarnado y del Rosario.

La Iglesia del Nuevo Testamento vive allí donde la Palabra encarnada es acogida, amada y servida en plena disponibilidad al Espíritu Santo. La fe de María se desarrolla luego en el amor con el que acompaña el crecimiento y la misión del Verbo Encarnado. Bajo la Cruz del Hijo, la fe y el amor se convierten en la esperanza con la que María acepta convertirse en la Madre del discípulo amado y de la humanidad redimida.

La atención devota y amorosa a la figura de María, como modelo y arquetipo de la fe de la Iglesia, es de importancia capital para realizar también hoy un cambio concreto de paradigma en la relación de la Iglesia con la Palabra, tanto en la postura de escucha orante como en la generosidad del empeño por la misión y el anuncio.

Los Padres sinodales, unidos al Santo Padre en la oración para que el Sínodo "pueda llevar frutos de auténtica renovación a cada comunidad cristiana" [42] *(Benedicto XVI, Ángelus en Pompeya, 19 de octubre de 2008), invitan a pastores y fieles a dirigir la mirada a María y pedir al Espíritu Santo la gracia de una fe viva en la Palabra de Dios hecha carne.* [43] *(Sínodo de los Obispos sobre la Palabra de Dios, Proposición 55).*

"Ahora vas a quedar encinta: tendrás un hijo, y le pondrás por nombre
Jesús. Será un gran hombre, al que llamarán Hijo del Dios altísimo,
y Dios el Señor lo hará rey, como a su antepasado David, para que reine
por siempre sobre el pueblo de Jacob. Su reinado no tendrá fin."
(Lucas 1.31-33).

CAPÍTULO 5

INTRODUCCIÓN GENERAL A LA *LECTIO DIVINA*

I – BREVE HISTORIA DE LA *LECTIO DIVINA*

La *Lectio Divina* tiene sus orígenes en la Escritura. La mayoría de los manuales la sitúa a partir de la era cristiana en la experiencia del monacato, más concretamente en el siglo tercero. Sin embargo, si escudriñamos con más detenimiento los escritos del Antiguo y Nuevo Testamento, notaremos que muchos de los textos tienen su origen histórico en la lectura orante de la Escritura. Es decir, el ambiente vital de los relatos bíblicos surge en muchos casos de la actualización de un texto más antiguo aplicado a circunstancias nuevas. A este fenómeno se lo denomina relectura. La *Lectio Divina* es una relectura de la Escritura: Un texto bíblico del pasado se actualiza en el hoy vital de la existencia del discípulo mediante la lectura orante. La diferencia radicaría en que las relecturas intrabíblicas dan origen a un nuevo texto canónico, y la *Lectio Divina*, como práctica de oración, da lugar sólo a la actualización en la vida de los creyentes.

En la Biblia percibimos como personas, familias, grupos y comunidades hacen relecturas de textos anteriores que son llevados a las nuevas circunstancias del presente para que iluminen la realidad presente. De modo que en contextos litúrgicos y culturales, en las epopeyas nacionales, en las sagas históricas, en las reflexiones proféticas, en los anuncios kerigmáticos, se van releyendo los textos y acontecimientos del pasado. Este proceso dinámico de lectura y actualización se denomina relectura intrabíblica.

Un ejemplo clásico de relectura intrabíblica es la profecía de Natán (2 Samuel 7.1-17). Aquí se promete a David un "templo", una "sucesión" dinástica segura y para siempre (cf. versículos 12-16). Este tema será recordado en varias oportunidades: en las últimas palabras de David (2 Samuel 23.5), en las últimas palabras de consejo a Salomón (1 Reyes 2.4). El escritor de Crónicas lo repite casi textualmente (1 Crónicas 17.1-15).

En algunos casos se repite en otros textos con algunas variaciones, por ejemplo:

- **"Tú eres mi hijo; yo te he engendrado hoy. Pídeme que te dé las naciones como herencia y hasta el último rincón del mundo en propiedad, y yo te los daré" (Salmo 2.7a, 8).**

- **El Señor dijo a mi señor: "Siéntate a mi derecha, hasta que yo haga de tus enemigos el estrado de tus pies" (Salmo 110.1).**

- **…levantaré la caída choza de David. […] y la reconstruiré tal como fue en los tiempos pasados (Amós 9.11).**

- **"Escuchen ustedes, los de la casa real de David […] el Señor mismo les va a dar una señal: La joven está encinta…" (Isaías 7.13, 14).**

- **"Vendrá un día en que haré que David tenga un descendiente legítimo, un rey que reine con sabiduría…" (Jeremías 23.5a).**

En algunos casos es el reino de David el que retorna (históricamente o en perspectiva mesiánica):

- **…se volverán los israelitas y buscarán al Señor su Dios y a David su rey (Oseas 3.5a).**

- **Yo, el Señor, seré su Dios, y mi siervo David será su jefe (Ezequiel 34.24a).**

- **Mi siervo David será el rey y único pastor de todos ellos, y ellos me obedecerán y cumplirán mis leyes y decretos […] mi siervo David será siempre su jefe (Ezequiel 37.24, 25).**

Los ejemplos de Marcos 11.10 y los gritos del ciego en Marcos 10.47, 48 nos ayudan a entender mejor el título de Mesías. Pero el más claro ejemplo en el Nuevo Testamento es el mensaje del ángel Gabriel a María:

"Ahora vas a quedar encinta: tendrás un hijo, y le pondrás por nombre Jesús. Será un gran hombre, al que llamarán Hijo del Dios altísimo, y Dios el Señor lo hará Rey, como a su antepasado David, para que reine por siempre sobre el pueblo de Jacob. Su reinado no tendrá fin" (Lucas 1.31-33).

Las relaciones intertextuales de este modelo y de muchos otros serían interminables. Cuando un pasaje del Antiguo Testamento es citado por un escritor en el Nuevo Testamento, al mismo le acompaña su entorno completo en su uso original. Al fenómeno de ligazón de los textos primordiales con sus respectivas relecturas en el tiempo se le suele llamar intertextualidad.

Hasta aquí hemos trazado lo que se puede llamar la historia previa de la *Lectio Divina*. En todo este recorrido se percibe un verdadero esfuerzo de lectura, meditación y oración realizado por los autores humanos de la Escritura que, en algunos casos, se ha plasmado en la formación de nuevos textos canónicos.

La tradición espiritual que está detrás de los términos técnicos que llamamos relecturas e intertextualidad, tiene mucho que ver con lo que tiempo después se ha dado en llamar *Lectio Divina*.

Se puede decir que la Biblia es en sí misma, desde sus comienzos:
- **oración y actualización,**
- **interpretación y explicación.**

La Biblia es, desde sus orígenes, una experiencia de *Lectio Divina* en un sentido amplio pero real del término. Por eso, tal vez no haya oración más bíblica, no sólo en su contenido sino en su misma estructura y metodología, que la *Lectio Divina*.

Con esto en mente, nos concentraremos en una muy breve y sumaria descripción de la historia de la lectura orante de la Biblia. El primero en utilizar la expresión *Lectio Divina* fue Orígenes (aproximadamente 185–254). Él afirmaba que para leer la Biblia con provecho es necesario hacerlo con atención, constancia y oración. La expresión en el idioma griego que usó Orígenes fue *Theía Anagnosis*.

En el siglo tercero, la *Lectio Divina* se convirtió en la columna vertebral de la vida monástica y religiosa. Las reglas monásticas de San Pacomio (290–351), San Basilio (330–379), San Agustín (354–430) y San Benito (480–547) harían de esa práctica, junto al trabajo manual y la liturgia, la triple base de la vida monástica. En época posterior se siguió claramente en esta misma línea de práctica y reflexión.

La sistematización de la *Lectio Divina* en cuatro peldaños como se le conoce hoy, proviene del siglo XII. Alrededor del año 1150, Guigo II, un monje cartujo, escribió un librito titulado en latín *Scala Claustralium*, traducido popularmente como "La escalera de los monjes". Allí exponía la teoría de los "cuatro escalones" para la unión con Dios: la **lectura**, la **meditación**, la **oración** y la **contemplación**. Estos peldaños ayudaban al monje a subir desde la tierra hasta el cielo.

Desde el siglo XII la *Lectio Divina* se ha mantenido viva influyendo en varios aspectos de la vida eclesial. Con el despertar de los movimientos bíblico y litúrgico que plasmará el Concilio Vaticano II, la influencia de la *Lectio Divina* se ha acrecentado aún más.

> *En efecto, la* **lectura** *es la inspección cuidadosa de las Escrituras con entrega de espíritu. La* **meditación** *es la concentrada operación de la mente que investiga con la ayuda de la propia razón el conocimiento de la verdad oculta. La* **oración** *es la fervorosa inclinación del corazón a Dios con el fin de evitarle males y alcanzar bienes. La* **contemplación** *es la elevación de la mente mantenida en Dios, que degusta las alegrías de la eterna dulzura.*
>
> *Habiendo, pues, descrito los cuatro peldaños nos queda por ver ahora sus funciones. La lectura busca la dulzura de la vida feliz, la* **meditación** *la halla, la* **oración** *la pide, la* **contemplación** *la experimenta. Porque el mismo Dios dice: Busquen y hallarán, llamen y se les abrirá (Mateo 7,7). Busquen leyendo y hallarán* **meditando**, *llamen* **orando** *y se les abrirá* **contemplando**. *La* **lectura** *pone en la boca pedazos, la* **oración** *le extrae el sabor, la* **contemplación** *es la misma dulzura que alegra y recrea. La* **lectura** *se queda en la corteza, la* **meditación** *penetra en la pulpa, la* **oración** *en la petición llena de deseo, la* **contemplación** *en el goce de la dulzura adquirida...* [44] *(Extracto de Scala Claustralium de Guigo II [hacia el 1150]).*

El Concilio Vaticano II no desarrolla de forma específica el tema de la *Lectio Divina*. Sin embargo, en la Constitución Dei Verbum, particularmente en el número 25, se retoman los principios básicos de la lectura orante de la Biblia para todo el pueblo cristiano. A partir de aquí, el desarrollo bíblico espiritual, irá en creciente aumento en diversas partes del mundo, con formas y metodologías muy variadas.

¿Quién de ustedes, pregunto, si se le pide que recite un salmo es capaz de hacerlo, u otra parte cualquiera de la Sagrada Escritura? ¡Ninguno a la verdad! Ni es esto lo peor; sino que son para las cosas espirituales perezosos…Y ¿cuál es la defensa que contra semejante acusación oponen? Responden:Yo no soy monje, sino que tengo mujer e hijos y necesito cuidar de mis asuntos domésticos. Pues precisamente por eso todo se echa a perder: que se persuaden de que sólo a los monjes toca la Lectio Divina, *siendo así que a ustedes les es más necesaria que a ellos. Los que andan en escampado y diariamente reciben heridas son los que más necesitan de medicinas. De modo que es mucho mayor mal juzgar como inútil la* Lectio Divina, *que simplemente no leer la Escritura* [45] *(San Juan Crisóstomo [347–407], Homilías sobre San Mateo, II).*

Es necesario, pues, que todos los clérigos, sobre todo los sacerdotes de Cristo y los demás que como los diáconos y catequistas se dedican legítimamente al ministerio de la palabra, se sumerjan en las Escrituras con asidua lectura y con estudio diligente, para que ninguno de ellos resulte "predicador vacío y superfluo de la palabra de Dios que no la escucha en su interior", puesto que debe comunicar a los fieles que se le han confiado, sobre todo en la Sagrada Liturgia, las inmensas riquezas de la palabra divina.

De igual forma el Santo Concilio exhorta con vehemencia a todos los cristianos en particular a los religiosos, a que aprendan "el sublime conocimiento de Jesucristo", con la lectura frecuente de las divinas Escrituras."Porque el desconocimiento de las Escrituras es desconocimiento de Cristo". Lléguense, pues, gustosamente, al mismo sagrado texto, ya por la Sagrada Liturgia, llena del lenguaje de Dios, ya por la lectura espiritual, ya por instituciones aptas para ello, y por otros medios, que con la aprobación o el cuidado de los Pastores de la Iglesia se difunden ahora laudablemente por todas partes. Pero no olviden que debe acompañar la oración a la lectura de la Sagrada Escritura para que se entable diálogo entre Dios y el hombre; porque "a El hablamos cuando oramos, y a El oímos cuando leemos las palabras divinas [46] *(DeiVerbum 25a).*

II – LA *LECTIO DIVINA* EN ALGUNOS TEXTOS DE JUAN PABLO II, BENEDICTO XVI Y DEL DOCUMENTO DE APARECIDA

El Magisterio de la Iglesia, tomando en cuanta las necesidades de la época, ha asumido la bendición de la recuperación de la *Lectio Divina* en la etapa posterior al Concilio Vaticano II. Por eso en este capítulo queremos detenernos en algunas de las alocuciones de Juan Pablo II, de Benedicto XVI y del Documento Conclusivo de Aparecida que hacen referencia directa a la práctica de la *Lectio Divina*.

> *"Yo soy el Camino, la Verdad y la Vida" (Juan 14,6). Con estas palabras Jesús se presenta como el único camino que conduce a la santidad. Pero el conocimiento concreto de este itinerario se obtiene principalmente mediante la Palabra de Dios que la Iglesia anuncia con su predicación. Por ello, la Iglesia en América "debe conceder una gran prioridad a la reflexión orante sobre la Sagrada Escritura, realizada por todos los fieles".* [47] *Esta lectura de la Biblia, acompañada de la oración, se conoce en la Tradición de la Iglesia con el nombre de Lectio Divina, práctica que se ha de fomentar entre todos los cristianos. Para los presbíteros debe constituir un elemento fundamental en la preparación de sus homilías, especialmente las dominicales.* [48]*…* [49] *(JUAN PABLO II, Exhortación Apostólica Postsinodal Ecclesia in America, 31).*

A la luz de la misma Escritura en esta hermosa autodefinición de Jesús en el Evangelio según San Juan, el Papa introduce el tema de la santidad diciendo que es necesario que todos los fieles entren en la dinámica de la "reflexión orante" de la Sagrada Escritura. ¿Cómo se hace esto? El mismo Siervo de Dios lo dirá renglones más abajo: A través de la *Lectio Divina* como lectura de la Biblia acompañada de la oración.

Juan Pablo II insistió de manera particular que la práctica de la *Lectio Divina* es un elemento esencial en la vida espiritual del sacerdote, sobre todo para la preparación de las homilías dominicales.

> *No cabe duda de que esta primacía de la santidad y de la oración sólo se puede concebir a partir de una renovada escucha de la palabra de Dios. Desde que el Concilio Vaticano II ha subrayado el papel preeminente de la palabra de Dios en la vida de la Iglesia, ciertamente se ha avanzado mucho en la asidua escucha y en la lectura atenta de la Sagrada Escritura. Ella*

ha recibido el honor que le corresponde en la oración pública de la Iglesia. Tanto las personas individualmente como las comunidades recurren ya en gran número a la Escritura, y entre los laicos mismos son muchos quienes se dedican a ella con la valiosa ayuda de estudios teológicos y bíblicos. Precisamente con esta atención a la palabra de Dios se está revitalizando principalmente la tarea de la evangelización y la catequesis. Hace falta, queridos hermanos y hermanas, consolidar y profundizar esta orientación, incluso a través de la difusión de la Biblia en las familias. Es necesario, en particular, que la escucha de la Palabra se convierta en un encuentro vital, en la antigua y siempre válida tradición de la Lectio Divina, que permite encontrar en el texto bíblico la palabra viva que interpela, orienta y modela la existencia. [50] (JUAN PABLO II, Carta Apostólica Novo Millennio Ineunte, 39).

Al comienzo del tercer milenio, el Papa Juan Pablo II insistió en que los cristianos debían procurar llevar una vida de santidad. Esta primacía de la santidad en la vida del creyente sólo es posible si se abre a una renovada escucha de la Palabra de Dios. El Papa valora cuánto ha crecido el Pueblo de Dios en este sentido en la etapa posconciliar. La Escritura está presente en la vida de la Iglesia y son muchos, sobre todo laicos, los que se dedican al estudio y la reflexión. Juan Pablo II insistió en la necesidad de *consolidar y profundizar* dicha orientación. Propuso claramente la *Lectio Divina* para lograr un encuentro vital con la Palabra que pudiera interpelar, orientar y modelar la vida del creyente.

En este contexto, querría evocar particularmente y recomendar la antigua tradición de la Lectio Divina: la lectura asidua de la Sagrada Escritura acompañada por la oración permite ese íntimo diálogo en el que, a través de la lectura, se escucha a Dios que habla, y a través de la oración, se le responde con una confiada apertura del corazón. [51] (cf. Dei Verbum 25). Si se promueve esta práctica con eficacia, estoy convencido de que producirá una nueva primavera espiritual en la Iglesia. Como punto firme de la pastoral bíblica, la Lectio Divina tiene que ser ulteriormente impulsada, incluso mediante nuevos métodos, atentamente ponderados, adaptados a los tiempos. No hay que olvidar nunca que la Palabra de Dios es lámpara para nuestros pasos y luz en nuestro camino (cf. Salmo 118 / 119,105) [52] (BENEDICTO XVI, Discurso en Castel Gandolfo a los participantes del

> *congreso que organizó la Santa Sede para recordar los cuarenta años de la*
> *publicación de la DV, viernes 16 de septiembre de 2005).*

A pocos meses de iniciar su Pontificado, Benedicto XVI recomendó la *Lectio Divina* para que se pueda dar el diálogo de la oración entre Dios y el hombre, y entre el hombre y Dios. Es interesante la metáfora que usa para referirse a los resultados que se podrían obtener de una intensa práctica de la *Lectio Divina*. Dice que se daría "una nueva primavera espiritual en la Iglesia". Realmente es muy sugerente, alentador y marca una clara opción por la lectura orante del la Biblia. Señaló también cómo la *Lectio Divina*, dentro de la pastoral bíblica, debe ser adaptada a nuestro tiempo con nuevos métodos. Se busca así tener presente la tradición de siempre pero bien ajustada a los destinatarios pastorales de nuestra realidad actual.

> *Debemos ejercer la Lectio Divina, escuchar en las Escrituras el pensamiento*
> *de Cristo, aprender a pensar con Cristo, a pensar el pensamiento de Cristo*
> *y, de esta manera, tener los pensamientos de Cristo, ser capaces de dar a los*
> *demás también el pensamiento de Cristo y los sentimientos de Cristo...* [53]
> *(BENEDICTO XVI, Meditación "improvisada" a los obispos en el primer*
> *día de sesiones del Sínodo sobre la Eucaristía, 3 de octubre de 2005).*

Hablando a los obispos en el marco del Sínodo sobre la Eucaristía, el Papa presentó la *Lectio Divina* en un contexto cristológico. Es notable la insistencia de la centralidad de Cristo en estas pocas palabras. Les recordó a los obispos que la lectura orante de la Escritura centrada en Cristo permite como fruto espiritual poder transmitir a los demás los pensamientos y sentimientos del mismo Cristo.

> *Entre los múltiples frutos de esta primavera bíblica me complace mencionar*
> *la difusión de la antigua práctica de la Lectio Divina, o lectura espiritual*
> *de la sagrada Escritura. Consiste en reflexionar largo tiempo sobre un*
> *texto bíblico, leyéndolo y releyéndolo, casi «rumiándolo», como dicen los*
> *Padres, y exprimiendo, por decirlo así, todo su «jugo» para que alimente*
> *la meditación y la contemplación y llegue a irrigar como linfa la vida*
> *concreta. Para la Lectio Divina es necesario que la mente y el corazón*
> *estén iluminados por el Espíritu Santo, es decir, por el mismo que inspiró*
> *las Escrituras; por eso, es preciso ponerse en actitud de "escucha devota"* [54]
> *(BENEDICTO XVI, Ángelus, 6 de noviembre de 2005).*

Un mes después del texto que antes comentamos, el Santo Padre Benedicto XVI vuelve a hablar de una "primavera" bíblica por la difusión de la práctica de la *Lectio Divina*. Se trata de una reflexión en el tradicional rezo del Ángelus, donde el Papa describe de manera muy gráfica la lectura orante de la Biblia. Utiliza expresiones y metáforas muy evocadoras. La condición necesaria para que esto sea así es dejarse iluminar por el Espíritu Santo con actitud de escucha devota.

> *Queridos jóvenes, os exhorto a adquirir intimidad con la Biblia, a tenerla a mano, para que sea para vosotros como una brújula que indica el camino a seguir. Leyéndola, aprenderéis a conocer a Cristo. San Jerónimo observa al respecto: "El desconocimiento de las Escrituras es desconocimiento de Cristo" (PL 24,17; cfr. Dei Verbum 25). Una vía muy probada para profundizar y gustar la Palabra de Dios es la* Lectio Divina, *que constituye un verdadero y apropiado itinerario espiritual en etapas. De la lectio, que consiste en leer y volver a leer un pasaje de la Sagrada Escritura tomando los elementos principales, se pasa a la meditatio, que es como una parada interior, en la que el alma se dirige hacia Dios intentando comprender lo que su palabra dice hoy para la vida concreta. A continuación sigue la oratio, que hace que nos entretengamos con Dios en el coloquio directo, y finalmente se llega a la contemplatio, que nos ayuda a mantener el corazón atento a la presencia de Cristo, cuya palabra es "lámpara que luce en lugar oscuro, hasta que despunte el día y se levante en vuestros corazones el lucero de la mañana" (2 Pedro 1,19). La lectura, el estudio y la meditación de la Palabra tienen que desembocar después en una vida de coherente adhesión a Cristo y a su doctrina.* [55] *(BENEDICTO XVI, Mensaje del Papa para la XXI Jornada Mundial de la Juventud, 22 de febrero de 2006).*

En este último texto de Benedicto XVI se sintetiza y se amplía lo dicho hasta este momento. Se trata de su mensaje final para la Jornada Mundial de la Juventud del año 2006. Vale la pena leer y reflexionar con todo el texto del mensaje. Aquí comentamos brevemente el párrafo que es más específico con respecto a la *Lectio Divina*.

El Papa invitó a tener intimidad con la Biblia, propuso tenerla a mano para que sea una brújula que guíe en el camino de la vida. Una vez más insistió en la perspectiva cristológica utilizando la frase de San Jerónimo que ya citó el Concilio Vaticano II en *Dei Verbum 25a*.

Luego propuso la *Lectio Divina* como camino principal para profundizar y gustar la Palabra de Dios. La va a definir como "un verdadero y apropiado itinerario espiritual en etapas". Describió cada uno de los cuatro pasos de la *Lectio Divina* y exhortó a los jóvenes a la acción.

> *Entre las muchas formas de acercarse a la Sagrada Escritura, hay una privilegiada a la que todos estamos invitados: la* Lectio Divina *o ejercicio de lectura orante de la Sagrada Escritura. Esta lectura orante, bien practicada, conduce al encuentro con Jesús-Maestro, al conocimiento del misterio de Jesús-Mesías, a la comunión con Jesús-Hijo de Dios, y al testimonio de Jesús-Señor del universo. Con sus cuatro momentos (lectura, meditación, oración, contemplación), la lectura orante favorece el encuentro personal con Jesucristo al modo de tantos personajes del evangelio: Nicodemo y su ansia de vida eterna (cf. Juan 3,1-21), la Samaritana y su anhelo de culto verdadero (cf. Juan 4,1-42), el ciego de nacimiento y su deseo de luz interior (cf. Juan 9), Zaqueo y sus ganas de ser diferente (cf. Lucas 19,1-10)... Todos ellos, gracias a este encuentro, fueron iluminados y recreados porque se abrieron a la experiencia de la misericordia del Padre que se ofrece por su Palabra de verdad y vida. No abrieron su corazón a algo del Mesías, sino al mismo Mesías, camino de crecimiento en "la madurez conforme a la plenitud"(Efesios 4,13), proceso de discipulado, de comunión con los hermanos y de compromiso con la sociedad* [56] *(Documento de Aparecida 249).*

Como último texto del Magisterio de la Iglesia en esta sección, ofrecemos las consideraciones del *Documento de Aparecida* con respecto a la *Lectio Divina*. Dentro de las muchas formas de acercarse a la Escritura, la *Lectio Divina* es la privilegiada y a la que todos estamos invitados. Juan Pablo II y Benedicto XVI insistieron en la dimensión cristológica de la *Lectio Divina*. Mediante la *Lectio Divina* se logra encuentrar personalmente a Cristo, conocerle, entrar en comunión con él, y dar testimonio en favor suyo.

Este número 249 del *Documento de Aparecida* nos brinda ejemplos de encuentros personales con Jesucristo tomados de la misma Escritura: Nicodemo, la Samaritana, el ciego de nacimiento y Zaqueo. Todos los que se encontraron con Cristo fueron iluminados y recreados porque abrieron sus corazones al Mesías. Tal encuentro es camino de crecimiento en el proceso del auténtico discipulado, de comunión con los hermanos y de compromiso con la sociedad.

III − ALGUNAS OTRAS DEFINICIONES Y DESCRIPCIONES DE LA *LECTIO DIVINA*

Gracias a Dios, la misma reflexión de los textos Magisteriales que hemos compartido ya nos han dado abundantes elementos de definición y descripción de la *Lectio Divina*. Sumamos a lo ya dicho tres intentos más de definición que enriquecerán nuestra comprensión de los matices que señalan y por la autoridad en la materia de quienes los plantean.

Comenzamos por la definición que da el Cardenal Carlos María Martini, Arzobispo Emérito de Milán: *La Lectio Divina es el ejercicio ordenado de la escucha personal de la Palabra.* [57] (*Un Pueblo en camino*, página 13). Es una definición corta pero donde cada palabra tiene un peso muy importante. Pensemos en cada una de ellas.

- **Ejercicio:** actividad, movimiento, compromiso, esfuerzo
- **Ordenado:** pasos, método, dinámica
- **Escucha:** no sólo oír, respuesta, necesidad de silencio, atención
- **Personal:** nuestra propia historia y circunstancias, nuestro propio corazón
- **Palabra:** Biblia en la Iglesia, Jesucristo

La segunda definición la tomamos de quién fuera por muchos años Abad General de la Orden Cisterciense, Bernardo Olivera (OCSO): *La Lectio Divina es una lectura personal de la Palabra de Dios por la cual uno se esfuerza en asimilar su verdad y vida; hecha en la fe, en espíritu de oración, creyendo en la presencia actual de Dios que nos habla por medio del texto sagrado.* [58] (Cuadernos Monásticos 57 [Arg.], página 181). Esta definición es más descriptiva y enfatiza la importancia de la dimensión teológica de la *Lectio Divina*: fe, presencia actual de Dios y el texto sagrado que nos habla.

La última definición está tomada del documento de la Pontificia Comisión Bíblica, *La interpretación de la Biblia en la Iglesia* y versa así: *La Lectio Divina es una lectura, individual o comunitaria, de un pasaje más o menos largo de la Escritura, acogida como Palabra de Dios, y que se desarrolla bajo la moción del Espíritu en meditación, oración y contemplación.* [59] (IV.C.2).

Se trata de una definición más descriptiva que incluye las dos posibles formas de la *Lectio Divina*: la personal y la comunitaria. En este caso se mencionan también los cuatro pasos clásicos.

Conocer las distintas definiciones y descripciones de la *Lectio Divina* nos enriquece. Es útil que sigamos leyendo e investigando otras obras y otros autores para enriquecernos más todavía.

Muchas definiciones hablan del método de la *Lectio Divina*. Consideramos que a esta altura de la práctica a lo largo de los siglos en la vida de la Iglesia, la *Lectio Divina* es más que un método. Tal vez habría que hablar de una tradición como plantea el Papa Benedicto XVI, o de una corriente de vida espiritual que admite diversos métodos específicos. Esto nos librará de atarnos de manera muy estrecha a una u otra definición. Partiendo de lo que hemos visto en este capítulo, podemos tener presente los elementos esenciales para que se hable propiamente de la *Lectio Divina*.

A la vez que asumimos estos elementos también deberíamos tener libertad y apertura a otros métodos que nos ayuden a alcanzar el objetivo de la *Lectio Divina*: Entrar en diálogo con el Señor a través de la Escritura. Pero esos otros métodos podrian cambiar con el tiempo y ser reemplazado por nuevos métodos según las necesidades de la Iglesia.

Por otra parte, se hace necesario tener presente a los destinatarios de la práctica de la *Lectio Divina*. Según las sensibilidades, las culturas, las edades y los grados de pertenencia eclesial serán más o menos aceptables determinados recursos metodológicos para asegurar el objetivo de la *Lectio Divina*: Entrar en comunión con Dios que nos habla en su Palabra.

"Tu palabra es una lámpara a mis pies y una luz en mi camino."
(Salmos 119.105).

CAPÍTULO 6

LOS PASOS DE LA *LECTIO DIVINA*

A lo largo del tiempo y en las diversas sistematizaciones, la *Lectio Divina* ha tenido desde tres hasta ocho pasos según los diversos autores y escuelas. En esta presentación y por fines prácticos, asumimos la de cinco peldaños (incluyendo la acción como último), considerando que es la que se va imponiendo en los diversos ambientes de animación bíblica de la pastoral. Las otras formas o metodologías más reducidas o más ampliadas no difieren mucho del esquema básico. Tiene que ver más bien con agrupaciones de dos escalones en uno o en la subdivisión de un paso en varios que describen elementos específicos.

I – PRIMER PASO: LECTURA

Antes de la lectura propiamente dicha hay tres elementos esenciales que no se pueden obviar nunca: la elección del tiempo y del espacio, la selección del texto bíblico y la invocación del Espíritu Santo. El primer elemento es de carácter práctico, el segundo es espiritual y el tercero es teológico. Nunca se pueden obviar o posponer a riesgo de estropear el ejercicio de la *Lectio Divina*. Veamos brevemente cada uno de ellos.

1. **Tiempo y espacio.**

    Es obvio que la elección del tiempo es algo absolutamente personal según las posibilidades concretas de cada uno. Consideramos que el tiempo mínimo del cual se debe disponer para realizar fructíferamente la *Lectio Divina* personal, no debería ser inferior a veinte minutos. Lo óptimo estaría alrededor de los cincuenta minutos. Tal vez no convendría nunca superar la hora, dado que podría provocar un cierto cansancio y falta de concentración. En el caso de la Lectio Divina comunitaria, según la cantidad de participantes, debería estar entre la hora y la hora y media. Nunca superar las dos horas por los mismos motivos que expusimos a nivel personal. Con respecto al espacio también es absolutamente personal y depende de las posibilidades de cada uno. Se buscará un lugar lo más tranquilo posible. Los teléfonos celulares, las computadoras, los televisores y otros aparatos eléctricos deben apagarse para poder concentrarse sólo en Dios quien se revela en su Palabra. Un templo o iglesia en los momentos que no hay oficio litúrgico es uno de los lugares más apropiados. En un banco, a cierta distancia del Sagrario o de alguna imagen religiosa significativa. En casa, en algún lugar tranquilo, en la sala o en el propio cuarto, donde no será interrumpido, también se puede hacer la *Lectio Divina*. De igual forma, pueden utilizarse algún salón de la parroquia o de la capilla en la que participa. Otra alternativa es escoger un buen lugar al aire libre, en algún parque o plaza medianamente tranquila, en algún sector del campo. Hacer la *Lectio Divina* mientras se contempla la llanura, la montaña o el mar puede ser muy provechoso. Con el tiempo y el espacio habrá que ser muy hábiles y creativos para ingeniárselas lo mejor posible, aceptando nuestra realidad concreta y respondiendo a nuestra particular sensibilidad religiosa.

2. Texto bíblico.

La elección del pasaje bíblico de antemano es fundamental para no perder tiempo ni distraerse en el momento específico dedicado a la *Lectio Divina*. Si el texto no se ha elegido se corre el riesgo de comenzar a husmear las páginas de la Biblia sin reposar en ningún lado. ¿Qué criterio seguir para la elección del pasaje bíblico? Hay varios. Se puede hacer una elección temática. Por ejemplo, se quiere orar y reflexionar sobre nuestra vocación y entonces se buscan textos que se refieran a este tema. Se puede hacer una lectura continua de un determinado libro de la Biblia. Estas opciones son válidas e interesantes. Pero existe una más interesante aún. Es la de seguir el ciclo litúrgico de la Iglesia para le celebración de la Eucaristía dominical. Aquí en sentido estricto, no es el mismo orante el que elige el texto, sino Dios que lo hace a través de la liturgia viviente de la Iglesia.

Habitualmente se concentra la oración en los textos del Evangelio. En algunos casos, se agrega también la primera lectura que guarda relación directa con la misma temática del evangelio dominical. En otros casos, el salmo del domingo se utiliza en los pasos de la *Lectio Divina*.

3. Espíritu Santo.

La invocación al Espíritu Santo es la puerta de entrada a la *Lectio Divina* propiamente dicha. Es fundamental para entrar en la dinámica de una lectura con fe, de una lectura espiritual de la Escritura. No vamos a estudiar historia, no leemos el Texto Sagrado por curiosidad. Leemos el texto porque en él está presente la Palabra de Dios para nuestra vida. Recordemos entonces lo que meditamos algunos capítulos más arriba: El mismo Espíritu Santo que inspiró a los autores sagrados está hoy en nuestro corazón para que podamos leer la Biblia como Palabra de Dios para nosotros hoy. Será necesario entonces hacer silencio y buscar en la propia interioridad esa presencia misteriosa del Santo Espíritu de Dios que se revela para que sepamos orar como es debido. Silencio, mirada interior, recogimiento, memoria de nuestro bautismo como puerta de ingreso del Espíritu a nuestro corazón, son los aspectos que debemos tener presentes para iniciar una lectura orante de algún texto de la Escritura. Se pueden utilizar oraciones, himnos o cantos que invoquen al Espíritu Santo.

INVOCACIÓN DEL ESPÍRITU SANTO

Ven, Espíritu Santo,
llena los corazones de tus fieles
y enciende en ellos el fuego de tu amor.

V. Envía tu Espíritu y todo será creado.
R. Y repuebla la faz de la tierra.

Oremos:

Oh Dios, que has iluminado
los corazones de tus hijos
con la luz del Espíritu Santo;

haznos dóciles a sus inspiraciones,

para gustar siempre el bien

y gozar de su consuelo.

Por Jesucristo nuestro Señor.

Amén.

El Espíritu Santo ora en nosotros:

"De igual manera, el Espíritu nos ayuda en nuestra debilidad. Porque no sabemos orar como es debido, pero el Espíritu mismo ruega a Dios por nosotros, con gemidos que no pueden expresarse con palabras. Y Dios, que examina los corazones, sabe qué es lo que el Espíritu quiere decir, porque el Espíritu ruega, conforme a la voluntad de Dios, por los del pueblo santo" (Romanos 8.26, 27).

"Todos los que son guiados por el Espíritu de Dios, son hijos de Dios. Pues ustedes no han recibido un espíritu de esclavitud que los lleve otra vez a tener miedo, sino el Espíritu que los hace hijos de Dios. Por este Espíritu nos dirigimos a Dios, diciendo: "¡Abbá! ¡Padre!" Y este mismo Espíritu se une a nuestro espíritu para dar testimonio de que ya somos hijos de Dios" (Romanos 8.14-16).

Una vez que hayamos completado los tres puntos anteriores, comenzaremos el paso de la lectura en sí. La pregunta que debe guiarnos en este primer peldaño de la *Lectio Divina* es:

¿Qué dice el texto?

¿Cuál es su propósito? ¿Qué afirma? ¿Qué niega? ¿Qué rechaza? ¿Qué cuestiona? ¿Qué potencia? ¿Qué confronta?

Es importante hacer dos o tres lecturas del texto bíblico. Tal vez alguna en voz alta y otra en silencio. Además, es importante tratar de ubicar a qué género literario corresponde. No se trata de hacer un estudio científico, sino simplemente tener una primera aproximación. A veces será más claro y evidente, por ejemplo en el caso de una parábola o un milagro. Otras veces puede que resulte más difícil encontrar el género a que pertenece. Siempre que sea posible, es importante comparar diversas traducciones en nuestro idioma del pasaje bíblico en cuestión. Esto nos permitirá darnos cuenta de las variantes de expresiones de un pasaje específico que pueden iluminarnos para entender qué dice el texto.

¿Por qué es importante el género literario?

Porque nos ayuda a descubrir el mensaje que la Palabra nos quiere transmitir. Por ejemplo, las parábolas de manera particular se concentran en algún aspecto del reino de los cielos. El ministerio de sanación del Señor no sólo hace referencia a la curación en sí, sino también a la salvación que el Señor ofrece al curar el alma de la enfermedad del pecado. Tener presente estos aspectos es muy importante para entender mejor el texto bíblico.

Una vez determinado el género literario, podemos abordar los elementos del texto de diversas maneras. Aquí describimos una forma que puede ser muy útil, pero que no es la única.

1. **Determinar los personajes:** Se considera un personaje a todo sujeto que realiza alguna acción en el texto. Hay personajes individuales: Jesús, Pilato, etc. Otros son personajes colectivos: la gente, los escribas, etc. La mayoría de las veces los personajes están nominados, es decir, los conocemos por su nombre. Pero en algunos casos aparecen personajes con pronombres que no hacen referencia directa a alguien que esté presente en el texto: "ellos", "los que estaban presentes". Algunas preguntas que nos pueden orientar son: ¿Cuántos personajes aparecen en el texto? ¿Cómo se les denomina? ¿Cuántas veces aparece un mismo personaje a lo largo del relato?

2. **Detectar las acciones de los personajes:** ¿Qué hace cada personaje a lo largo del texto? Aquí se debe prestar particular atención a los verbos: miró, entró, salieron, se admiraron. En especial, considere los verbos que describen las acciones de los personajes que desfilan por el relato.

3. **Tomar nota de los lugares y espacios:** ¿Dónde transcurre la acción? Referencias a lugares y espacios: en el camino, en la barca, en la montaña, en la llanura.

4. **Visualizar las referencias temporales:** ¿En qué momento del día transcurre la acción? A veces en pocos versículos se describe la actividad de toda una semana. Otras veces en un largo relato se nos comentan unos pocos

minutos. Referencias típicas en los Evangelios: por la mañana, al atardecer, el primer día de la semana, cuando todavía estaba oscuro, era de noche, cuando estaban solos.

5. **Relatores y diálogos:** ¿Quién narra el texto? ¿Jesús? ¿El evangelista? ¿Otro personaje? Esto cambia según los casos. ¿Hay diálogos entre los personajes? ¿En qué momento? ¿Por qué? ¿Predomina el estilo directo? En definitiva: ¿Quién es el que narra lo que hacen y piensan los personajes del relato? Todas estas preguntas nos ayudan a profundizar en lo que la Palabra de Dios nos quiere decir hoy.

6. **Subdividir el texto:** Con los elementos que se van recabando, se puede hacer un ensayo de subdivisión del relato en dos, tres o más partes. Serían como escenas dentro de la obra. Los criterios de división brotarán del mismo análisis de cada suceso.

7. **Captar el nudo y la resolución:** Por lo general todo relato tiene una introducción, un nudo y un desenlace. Para la Lectio Divina es importante detectar el nudo: ¿Dónde se sitúa el problema? ¿Cuál es el centro de la temática a resolver? Esto es el nudo, el meollo del texto. A partir de aquí habrá que concentrarse en la resolución. Hay relatos que tienen más de un nudo.

8. **Elementos esenciales y secundarios:** En la narración hay elementos que son esenciales. Son aquellos sin los cuales la trama se cortaría y no se podrían explicar ni el nudo ni la resolución. Hay otros aspectos que son secundarios. Estos dan colorido al texto, pero se podría prescindir de ellos y no se verían afectados ni la trama, ni el nudo, ni la resolución.

9. **Textos dentro del texto:** Es muy común que los pasajes del Nuevo Testamento tengan citas textuales o alusiones más genéricas de textos del Antiguo Testamento. No preguntamos entonces: ¿De qué texto se trata? (buscar la cita del Antiguo Testamento en las notas de la Biblia). ¿Qué lugar ocupa este nuevo texto dentro de la totalidad del relato? ¿Por qué el autor utilizará esta cita aquí?

Todos estos elementos que acabamos de describir están al servicio de hacer lo más fructífera posible la lectura, el primer paso de la *Lectio Divina*. No necesariamente todos tienen que aplicarse a un mismo texto. Dependerá de las características particulares que tenga cada relato. No es lo mismo un largo discurso de Jesús en el Evangelio de San Juan que una pintoresca descripción de un milagro del Señor en el Evangelio de San Marcos. Por otra parte, hay otras formas y metodologías de análisis que se pueden conocer a través de una bibliografía más especializada.

Es muy útil hacer la lectura con papel y lápiz a mano. No para los primeros momentos, sino para cuando se comienza a realizar el análisis. Es más, puede resultar provechoso, además de la Biblia, tener el texto bíblico impreso o fotocopiado para poder marcarlo según lo que se vaya descubriendo.

MEMORIA BÍBLICA

Cuanto se está analizando un texto bíblico es probable que vengan a la mente otros textos de la Escritura que son análogos en temas, en frases o en cualquier otro elemento. Esto se llama *memoria bíblica*. Si esto ocurre en el proceso de la lectura es útil poder ir a esos nuevos textos para corroborar la intuición primera. Se pueden establecer así interesantes relaciones intertextuales que colaboran en la comprensión, interpretación y aplicación de la Palabra de Dios a la vida.

Por ejemplo:

Si estoy realizando la lectura de la parábola del padre misericordioso (Lucas 15.11-32), al llegar al versículo 20 me encontraré con la sugestiva frase de que cuando el hijo que regresa todavía estaba lejos "su padre lo vio y sintió compasión de él". Si soy un asiduo y cuidadoso lector de la Sagrada Escritura tal vez me daré cuentas de que el mismo evangelista San Lucas utiliza esa frase en otro pasaje: La parábola del buen samaritano (Lucas 10.30-37). Al llegar al versículo 33 se dice del hombre de Samaria: "al verlo, sintió compasión". Los mismos verbos, ver y compadecerse, enlazan la actitud del padre misericordioso y del buen samaritano. Un texto ilumina al otro, las actitudes y opciones de un personaje retroalimentan a las del otro. Esto es lo que llamamos la memoria bíblica para fortalecer la comprensión de la Escritura.

CONSEJOS PARA LA LECTURA COMUNITARIA DE LA ESCRITURA

Cuando la *Lectio Divina* se realiza en grupo se pueden ensayar diversas formas de lectura del texto bíblico. El coordinador o líder deberá mirar de antemano el texto y establecer algunas formas creativas de lectura.

Por ejemplo:

La primera lectura la puede hacer un lector en voz alta.

La segunda lectura la puede hacer cada uno en silencio con su propio texto.

La tercera lectura se puede hacer entre dos, tres o más participantes. Según el tipo de texto se puede distribuir en párrafos o lo que es mejor, si tiene estilo directo y varios personajes, se pueden asignar diversos lectores para que cada uno represente a los actores y al relator de la escena.

En *Lectio Divina* con niños y preadolescentes puede ser muy útil también la representación teatral del relato. Ver en imágenes fortalece la captación de lo que se ha leído o escuchado.

VALORES PRESENTADOS EN LOS TEXTOS DEL EVANGELIO

El proceso final de todo el análisis de la lectura dará como resultado poder enumerar los valores positivos y anti-valores que presenta el texto bíblico que se ha leído. Este es en definitiva, el objetivo principal del primer paso de la *Lectio Divina*.

Ejemplos de valores positivos

- **De Dios hacia el ser humano:** La misericordia y la compasión, el respeto por la libertad, el consuelo y la protección, el perdón sin reservas, el amor incondicional

- **Del ser humano hacia Dios:** La respuesta de fe, la alabanza, la confianza en su presencia providente, el culto y las celebraciones en honor de su santo Nombre, el escuchar y obedecer, la piedad, la búsqueda de su santa voluntad para cumplirla en nuestra vida.

- **Del ser humano hacia el ser humano:** La justicia, el respeto, el cuidado y la protección del más pobre y desamparado, el perdón, el diálogo, la amistad, el cuidado de la familia, el sentido de nación, la apertura al forastero.

Ejemplos de anti-valores

- **Del ser humano hacia Dios:** No seguir sus caminos, no ser obediente a la fe, la falta de esperanza y de confianza, el rechazo de su presencia, la impiedad, el no rendirle el debido culto, tratar de escapar de su mirada, no dejarse amar y ser perdonado.

- **Del ser humano hacia el ser humano:** La venganza, el odio, el desprecio, la traición, la inmoralidad sexual, el fanatismo desenfrenado, la falta de sensibilidad hacia el pobre, el desprecio, la discordia y la ira, la enemistad.

Estos ejemplos de valores positivos y anti-valores nos darán la clave para poder pasar al segundo escalón de la lectura orante de la Biblia. Si la *Lectio Divina* es personal, quedará en el corazón de cada uno lo que haya analizado. Si es comunitaria, cada uno compartirá con los demás lo que ha descubierto en el texto. Así se enriquecerán mutuamente los distintos miembros del grupo. Lo que el hermano ha descubierto me enriquece y lo que yo descubro enriquece al hermano. Al ser varios se podrán visualizar con más facilidad los puntos centrales del relato según las coincidencias que se vayan suscitando en lo que cada uno expone.

Por todo lo que acabamos de ver, el primer paso de la *Lectio Divina*, la lectura, tiene como objetivo principal analizar para poder interpretar correctamente el Texto Sagrado. Por eso, es bueno que miremos y revisemos lo que se planteó capítulos más arriba con respecto a la interpretación de la Biblia en la tradición viviente de la Iglesia y regulada por el Magisterio.

II – SEGUNDO PASO: MEDITACIÓN

El término meditación adquiere diferentes significados y tiene una rica presencia a lo largo de los siglos en la fe de la Iglesia y también en el marco de las religiones no cristianas. Este es el segundo peldaño de la lectura orante de la Biblia en el contexto del pensamiento cristiano.

La pregunta que guía la meditación es:

¿Qué *me* dice el texto?

Podríamos decirlo de otra manera: ¿Qué me dice Dios en el texto? ¿Qué me revela a mí Dios en este texto? En este caso el acento recae en mi persona: ¿Qué me impacta de manera particular a mí hoy? Así como en la lectura el acento se ponía en lo objetivo del texto, ahora en la meditación, el interés se desplaza a lo positivamente subjetivo de mi captación personal.

Someto a consideración los valores positivos y anti-valores descubiertos en el texto. Los confronto con mi propia vida y me pregunto cómo los vivo.

¿Qué hay y qué no hay en mi corazón de lo que analicé en el texto?

Debo responder según mi situación hoy. Tal vez hace unos meses hubiera contestado una cosa o posiblemente dentro de tres semanas responda otra. Pero hoy, según las circunstancias presentes de mi vida, ¿qué *me* dice *a mí*?

Recordemos que aquí también es el Espíritu Santo el que nos continúa acompañando. La presencia de Dios actúa en nuestro interior para obra en traer la luz de las Escrituras que ilumine nuestra situación inmediata y nuestra necesidad.

A la luz de la Palabra podremos comprobar los aspectos positivos de nuestra vida cristiana. Captaremos también nuestros defectos y pecados. De alguna forma, el peldaño de la meditación es como un examen de conciencia a la luz del texto de la Escritura. Lo que leímos en el paso anterior resuena ahora en nuestra vida y corazón.

¿Cuándo pasar de la lectura a la meditación, y de esta última a la oración?

No hay reglas fijas. La misma persona que está haciendo la lectura orante de la Palabra deberá intuir, captar y decidir en qué momento se da el paso. Así como el cambio de estaciones climáticas se da en forma gradual, de la misma forma se dan los cambios de peldaño en la dinámica de la *Lectio Divina*. Cuando percibimos que nuestro corazón está preparado se ha de dar el salto al paso siguiente.

Si la *Lectio Divina* es comunitaria, cada integrante comparte, en la medida de lo posible, lo que Dios le ha dicho de manera particular a través de este texto. En este sentido es importante respetar la sensibilidad y la interioridad de cada miembro del grupo. No hay que exponer de manera pública situaciones personales, familiares o comunitarias que pudieran ser delicadas y muy íntimas. En pocas palabras, este paso no debe dar lugar para ventilar problemas personales o dificultades con otras personas. Dependerá mucho del conocimiento y de la madurez del grupo. Por eso conviene ser más bien genéricos en el primer tiempo e ir profundizando en la medida que la comunidad de orantes va fortaleciéndose.

III – TERCER PASO: ORACIÓN

Los mismo que a la meditación, la palabra oración puede significar varias cosas diferentes, aunque meditación y oración están muy relacionadas entre sí. En este caso nos referimos al tercer paso de la *Lectio Divina*. La pregunta que guía este momento es:

¿Qué *le* digo al texto?

Es obvio que no respondemos al texto como realidad inmaterial e inanimada, sino al Dios de la Palabra que nos habla mediante el texto bíblico. Por eso también se podría formular así:

¿Qué *le* respondo a Dios que me habló en el Texto Sagrado?

La oración es la primera respuesta al Dios que habla. La segunda respuesta será la acción, el compromiso concreto que se asume a la luz de la Palabra, en el último paso de la *Lectio Divina*. La oración como primera respuesta al Dios que habla puede tener varias formas diferentes:

- Oración con palabras propias: Puede ser oral o escrita. Puede ser espontánea o más elaborada.
- Alguna oración conocida: El Padrenuestro, el Avemaría, el Santo Rosario.
- Himnos, poemas o cantos religiosos que expresen las emociones internas del discípulo en ese momento.
- Otro texto bíblico conocido que identifique al orante con la respuesta que le quiere dar al Señor.

El contenido de la oración puede ser:

- Petición de perdón.
- Acción de gracias.
- Alabanza y bendición.
- Súplicas y peticiones.

Si la *Lectio Divina* es comunitaria se puede compartir lo que el Señor haya suscitado en cada uno de manera libre, o se puede proponer de antemano alguna forma común que los involucre a todos. El coordinador o líder de la lectura orante de la Biblia deberá preparar este intercambio con anticipación. Damos algunos ejemplos:

- Escribir una oración en una tarjeta en blanco para luego presentarla ante alguna imagen religiosa.
- Distribuir material con textos bíblicos u oraciones relacionadas con el tema de la *Lectio Divina* que se está realizando. Cada integrante leerá en voz alta lo que le haya tocado.
- Tomarse de la mano y rezar juntos alguna oración conocida por todos.
- Que cada participante encienda una pequeña vela y la coloque en algún lugar determinado.

Estos son los elementos esenciales de la oración como tercer peldaño de la *Lectio Divina*. En un sentido amplio, toda la *Lectio Divina* es oración.

IV – CUARTO PASO: CONTEMPLACIÓN

En los tres pasos anteriores, el uso consciente de nuestra inteligencia y libertad ha sido destacado en el análisis y la apropiación del texto. Ahora en el cuarto paso, el esfuerzo de la inteligencia o la voluntad se reduce al mínimo. Se trata de sintetizar vitalmente todo lo realizado en los escalones anteriores ante la presencia de Dios. Ya no hay preguntas para pensar y responder, ahora nos dejamos inundar por la presencia de Dios Se podría decir que la contemplación es el momento de la interiorización vital de la Palabra que unifica los tres pasos anteriores. Tras la ardua tarea de interpretar y aplicar la Palabra, ahora llega el momento de poner todo bajo la mirada de Dios. Es el movimiento humano para disponerse a la contemplación, dado que la contemplación en sí es un don de Dios.

¿Se puede definir la contemplación? Es muy difícil. Podríamos decir que es un estado interior de gusto por Dios y por las cosas de Dios. Para San Gregorio Magno, doctor de la contemplación cristiana, la contemplación consistía en el "delicioso conocimiento de Dios", todo impregnado de amor. La contemplación es al mismo tiempo un fruto de la meditación y un don de Dios. La contemplación es la capacidad de gozar de la luz de Dios en nuestro corazón. Es gustar la presencia de Dios y tener su mirada sobre la vida. Es experimentar claramente su consuelo y protección.

La contemplación es un don que Dios da a quien quiere, como quiere y cuando quiere. Por eso, no es seguro que experimentemos esa luz de Dios en el momento de la *Lectio Divina*. Dios la dará como regalo para nuestra vida en el instante que lo considere oportuno. Pero no debemos olvidar que la *Lectio Divina* es el ambiente propicio para que se pueda dar la contemplación como don de Dios.

A lo largo de toda la *Lectio Divina* habrá momentos de silencio para disponerse, leer, meditar y orar. Pero en el cuarto paso, en la contemplación, el silencio se tiene que dar de manera particular. Es elemento fundamental para elevar el alma a Dios. El compromiso del orante con la Palabra para el peldaño de la contemplación es una actitud de profundo silencio y capacidad de espera. La oración ante el Santísimo Sacramento expuesto en nuestros templos o la presencia permanente y real del Señor en los Sagrarios de nuestras iglesias, son lugares muy adecuados para suscitar esta experiencia de contemplación. Estos momentos deben ser buscados por el orante y deben ser sugeridos por los coordinadores en los ejercicios comunitarios de *Lectio Divina*. También puede organizarse alguna adoración específica o alguna visita al Santísimo con el grupo de personas que realiza la lectura orante de la Biblia en forma comunitaria.

En la contemplación ya no hay preguntas que de resumen como presentamos en los pasos anteriores. Pero si tuviéramos que decir cómo sintetizar este peldaño diríamos: *Silencio para interiorizar la Palabra.*

Algunos autores que escriben acerca de la espiritualidad hablan de los frutos de la contemplación cristiana. Son como consecuencias de la experiencia de contemplación en el marco más o menos inmediato del ejercicio de la *Lectio Divina*. En líneas generales se suelen mencionar tres de manera particular:

1. **Experiencia de consolación:** Se manifiesta de manera particular como una profunda alegría interior independiente de las circunstancias exteriores e incluso, independiente de los propios estados de ánimo. Es una alegría de origen sobrenatural, profundamente espiritual y que tiene como fuente, origen y fin al mismo Dios. Esta alegría provoca el gusto por los valores del Evangelio. Se experimenta un deseo existencial muy claro de querer vivir en la dinámica del Reino, dado que Dios es el que lleva adelante la vida y la historia. Dios consuela existencialmente al orante que se siente protegido, cuidado y acompañado por el mismo Señor.

2. **Luz para el discernimiento:** Es el segundo fruto de la experiencia de la contemplación. Discernir en lenguaje espiritual no es un mero proceso deductivo mirando las causas y previendo las consecuencias. Discernir significa poder disponerse para que la luz del Espíritu Santo ilumine el alma del orante y así, poder elegir siempre la mejor de dos alternativas posibles igualmente buenas. No se trata sólo de un ámbito moral, donde la enseñanza de Jesús nos exhorta a hacer el bien y siempre evitar el mal. Sino que se trata de poder elegir, en las circunstancias tan complejas de nuestra vida contemporánea, lo que es mejor aquí y ahora según el designio del Señor. Más que nunca se hace necesaria la apertura del corazón a la acción del Espíritu. Esta capacidad de discernir mediante el Evangelio es un fruto del don de la contemplación que muchas veces se otorga en el marco de la lectura orante de la Biblia.

3. **Fortaleza para mantener la decisión:** Despúes del discernimiento se da la decisión. Se trata de decidir según lo que se ha orado y discernido en el marco de la Lectio Divina. De aquí brotan las grandes opciones de la vida: La verdad, la fidelidad, la justicia, el compromiso. Uno de los frutos de la contemplación es decidir evangélicamente en medio de las situaciones concretas de la vida. Pero el Espíritu no sólo ilumina el momento preciso de la decisión, también acompaña al creyente en las consecuencias que son resultado de la decisión tomada. Uno de los grandes males de nuestra cultura contemporánea es la incapacidad de mantenernos fieles a lo largo del tiempo en nuestro empeño por vivir las pequeñas o grandes decisiones tomadas en respuesta al Evangelio. El

don de la contemplación permite sostener, incluso en medio de las dificultades y contrariedades del camino, las auténticas opciones basadas en el Evangelio que haya tomado el orante.

V- QUINTO PASO: ACCIÓN

En este último peldaño de la *Lectio Divina*, tratamos de poner en práctica en nuestra vida lo que Dios nos ha revelado por la lectura y la meditación, y lo que hemos orado e interiorizado mediante la oración y la contemplación. La primera respuesta a Dios que nos habló en el texto bíblico se dio en el diálogo de la oración en el tercer paso. Ahora, en este último escalón de la *Lectio Divina*, damos la segunda respuesta con acciones concretas realizadas en el tiempo y en la historia.

Todo el proceso de la lectura orante de la Biblia no queda en el interior del orante, sino que se hace fecundo en la vida cotidiana impregnada por los valores del Evangelio. Lo leído, meditado, orado y contemplado no puede caer en saco roto. Se debe hacer presente en una vida coherente y comprometida con los valores del Reino de Dios. Jesús dijo a sus discípulos, y dentro de ellos de manera particular a la Santísima Virgen: **"¡Dichosos más bien quienes escuchan lo que Dios dice, y lo obedecen!"** (Lucas 11.28). La vida de María y la de todos los auténticos discípulos del Señor reflejan esta enseñanza que sintetiza muy bien toda la dinámica de la *Lectio Divina*: Escuchar a Dios por medio de su Palabra, para obedecerle poniéndola en práctica en nuestra vida, en la historia, en la propia realidad cotidiana.

En este último paso tampoco hay preguntas específicas dado que ya no hay reflexión. Para resumirlo en pocas palabras decimos que la acción es:

CÓMO LLEVAR LA PALABRA A NUESTRA VIDA.

El ejercicio de la *Lectio Divina* ayuda a conjugar de manera coherente la dimensión orante y actuante del discípulo misionero. Integra la dimensión espiritual con la material, la trascendente con la histórica, la eterna con la temporal. Muchas veces en la vida de la Iglesia algunos grupos defendieron más el aspecto espiritual en menosprecio del compromiso histórico y viceversa. El auténtico discípulo misionero equilibra ambas dimensiones. La lectura orante de la Biblia está en esta perspectiva enlazando lo más profundo de la oración y la contemplación con la vida cotidiana. El compromiso de la vida cotidiana refleja la forma más religiosa y trascendente de la oración y la contemplación.

Nuestras acciones deben ser personales según lo que Dios suscite en el corazón de cada orante, sea en la experiencia de *Lectio Divina* personal o comunitaria. Sin embargo, puede ser que en algunas circunstancias particulares, el fruto de acción de una lectura orante de la Biblia comunitaria pueda concluir en una acción concreta única y común a todo el grupo de participantes. Si los diversos integrantes están habitualmente relacionados por ser de la misma comunidad, pueden captar en su diálogo con el Señor una necesidad particular a la que se ven impulsados a responder. Por ejemplo: Tomar una actitud decididamente misionera hacia algún sector o barrio de la propia parroquia, o asumir algún servicio de tipo social o evangelizador en alguna institución de cuidado de niños o de ancianos que esté vinculada a la propia comunidad. Todas estas actividades espirituales deben ser consideradas luego con los responsables de la comunidad para verificar que sean factibles y convenientes.

**"Pero un hombre de Samaria que viajaba por el mismo camino,
al verlo, sintió compasión."**

(Lucas 10.33).

CONCLUSIÓN

SUGERENCIAS PARA REALIZAR
LECTIO DIVINA

A lo largo de los capítulos precedentes, hemos transitado rápidamente por el inmenso universo de la Escritura, para introducir luego, de manera más serena, la dinámica de la lectura orante de la Biblia.

Dentro de los varios aspectos considerados aquí, hay tres puntos fundamentales que se dan a lo largo de estas páginas:

1. Desde el comienzo nos concentramos en el misterio de la Escritura como la *Palabra de Dios en lenguaje humano*. En la Biblia, Dios y el hombre se reclaman y se encuentran; lo humano y lo divino se dan cita en sus escritos. En Cristo y desde Cristo, verdadero Dios y verdadero hombre, Palabra viviente, entendemos y damos unidad a toda la Escritura.

2. Hemos visto como la Biblia es un libro del pasado que tiene implicaciones *en el presente*. En la Biblia el pasado y el presente se iluminan uno al otro. La Biblia, como Palabra de Dios escrita, no es una reliquia del pasado, sino la Palabra *viva y actual* de Dios; la Palabra eterna para los hombres y mujeres de todos los tiempos.

3. Presentamos la Biblia como profundamente dinámica y plena de vida. La Palabra es vida: Vida de Dios y de los hombres. Por ser vida, *la Escritura leída e interpretada en la Iglesia es paradigma, es modelo, es orientación clara y decisiva para nuestra vida hoy.*

Estos tres aspectos que tienen que ver con la totalidad de la Escritura se dan, de manera particular, en la lectura orante de la Biblia. En la *Lectio Divina*, Cristo, como Palabra viviente ilumina la vida. Aquí radica, tal vez, lo apasionante del mundo de la lectura orante de la Biblia: *El Señor actualiza para el hoy de nuestra vida su Palabra*. Esto es fundamental para la vida del discípulo misionero, para la vida espiritual y evangelizadora de cada creyente.

Tal como planteábamos en la introducción, estas páginas son un simple manual. No debemos sentirnos atados a él. El objetivo del mismo es llevarnos a la Biblia para que, a través de la lectura orante, se transforme para nosotros en la Palabra de Dios que ilumina nuestra vida.

Quiera Dios que la primavera bíblica y espiritual que el Papa Benedicto XVI ve ya iniciada con la práctica de la *Lectio Divina*, sea realmente parte de nuestra vida. Así nosotros, abiertos a Cristo y a su Palabra, podremos decir una y mil veces con los discípulos en el camino de Emaús: **"¿No es verdad que el corazón nos ardía en el pecho cuando nos venía hablando por el camino y nos explicaba las Escrituras?"** (Lucas 24.32).

SUGERENCIAS PARA REALIZAR *LECTIO DIVINA*

Presentamos dos pasajes bíblicos con algunas pistas y sugerencias para realizar los pasos de la *Lectio Divina*. Fundamentalmente nos concentramos en el primer peldaño, en la lectura, dando margen de libertad para continuar profundizando en el texto según las propias inspiraciones en los escalones subsiguientes. No obstante, brindamos también elementos para la meditación, la oración, la contemplación y la acción.

PRIMER EJERCICIO:

Llamamiento de Isaías

[1] El año en que murió el rey Ozías, vi al Señor sentado en un trono muy alto; el borde de su manto llenaba el templo. [2] Unos seres como de fuego estaban por encima de él. Cada uno tenía seis alas. Con dos alas se cubrían la cara, con otras dos se cubrían la parte inferior del cuerpo y con las otras dos volaban. [3] Y se decían el uno al otro:

"Santo, santo, santo es el Señor todopoderoso;
toda la tierra está llena de su gloria."

⁴ Al resonar esta voz, las puertas del templo temblaron, y el templo mismo se llenó de humo. ⁵ Y pensé: "¡Ay de mí, voy a morir! He visto con mis ojos al Rey, al Señor todopoderoso; yo, que soy un hombre de labios impuros y vivo en medio de un pueblo de labios impuros."

⁶ En ese momento uno de aquellos seres como de fuego voló hacia mí. Con unas tenazas sostenía una brasa que había tomado de encima del altar, ⁷ y tocándome con ella la boca, me dijo:

"Mira, esta brasa ha tocado tus labios.

Tu maldad te ha sido quitada,

tus culpas te han sido perdonadas."

⁸ Entonces oí la voz del Señor, que decía:

"¿A quién voy a enviar?

¿Quién será nuestro mensajero?"

Yo respondí:

"Aquí estoy yo, envíame a mí."

(Isaías 6.1-8)

ALGUNAS PISTAS PARA LA LECTURA:

De la lectura del texto se deriva que su género literario tiene dos características principales: Se trata de un relato vocacional y tiene elementos apocalípticos. Es un relato vocacional porque se nos relata cómo Dios llamó a Isaías para que fuera su mensajero. Hay elementos propios de los relatos apocalípticos con los seres de fuego, el trono muy alto, las seis alas, el humo y la voz del Señor. También hay elementos de un género muy relacionado con el apocalíptico que es el de las epifanías, es decir el de manifestación de Dios (epifaino en griego significa "manifestar").

Hay una referencia histórica: La muerte del rey Ozías (aproximadamente en el 740 a.C.) Tal vez no sea tan importante en cuanto el dato histórico en sí sino en función de contextualizar el nacimiento del mensajero en la historia del Reino de Judá.

La descripción de los personajes con sus cualidades y acciones:

- **El narrador (Isaías):** Ve al Señor y a los seres como de fuego, escucha a estos seres, tiene conciencia de que va a morir porque ve al Señor todopoderoso, tiene conciencia de ser pecador y de vivir en medio de un pueblo pecador, responde al Señor que está allí para ser enviado. Presumiblemente el narrador es el profeta Isaías. El texto no lo dice explícitamente pero se infiere de los capítulos 1 al 5 donde sí se hace referencia a la Palabra de Dios que le es revelada al profeta.

- **El Señor:** Está solemnemente en el trono y su manto llena todo el templo. Se pregunta retóricamente a quién va a enviar a cumplir su misión.

- **Seres como de fuego (literalmente son los "serafines"):** Tienen seis alas, con cuatro se cubren y con dos vuelan. Están alrededor del Señor, dando testimonio de la gloria de Dios al afirmar que es el tres veces santo.

- **Uno de los seres:** Lleva una brasa encendida tomada del altar para purificar la boca del narrador, y le dice que ha sido purificado y perdonado de sus pecados.

Con respecto al lugar del suceso sólo se menciona el templo. Se nos habla de un trono muy alto. Se hace una breve referencia al altar y a las puertas.

Como sugerencia de memoria bíblica se pueden citar Jeremías 1.4-10 y Ezequiel 2.1-15, en los que se narra los llamados vocacionales a otros dos importantes profetas del Antiguo Testamento.

SUGERENCIAS DE PREGUNTAS PARA LA LECTURA:

- ¿Cómo comienza el texto?

- ¿Qué referencia histórica se hace?

- ¿A quién se vislumbra en el templo?

- ¿Qué características tiene el Señor? ¿Cómo se le describe?

- ¿Quiénes aparecen luego?

- ¿Qué hacen? ¿Qué características tienen?

- ¿Qué dicen los seres como de fuego?

- ¿Qué pasa con las puertas del templo?

- ¿Qué piensa en este momento Isaías?

- ¿Por qué piensa esto Isaías?

- ¿Cómo se considera el profeta a sí mismo? ¿Cómo considera a su pueblo?

- ¿Qué hace uno de los seres como de fuego?

- ¿Qué le dice a Isaías?

- ¿Qué escucha entonces el profeta?

- ¿Le habla Dios de manera directa o mediante una pregunta retórica?

- ¿Qué le responde Isaías a Dios?

SUGERENCIAS DE PREGUNTAS PARA LA MEDITACIÓN:

- ¿Busco "ver" al Señor?

- ¿Descubro la grandeza y la omnipotencia de mi Dios?

- ¿Tengo la tentación de hacer un Dios a mi medida o abro realmente mi corazón a la trascendencia de Dios?

- ¿Contemplo el poder y la autoridad de Dios a pesar de los signos del mal que se ven en muchos ámbitos del mundo contemporáneo?

- ¿Qué implica para mí hoy afirmar que Dios es el "tres veces santo"?

- ¿Descubro que soy débil y pecador?

- ¿Me considero un hombre o una mujer de labios impuros?

- ¿Cuáles son las impurezas de mis labios hoy?

- ¿Percibo que habito en un pueblo de labios impuros?

- ¿Cuáles son los pecados, las impurezas, los desvíos del pueblo al que pertenezco?

- ¿Me dejo purificar por el Señor? ¿Dejo que el fuego de su santa gloria purifique mis labios?

- ¿Qué genera en mí que el Señor me diga a través de sus intermediarios: "Tu maldad ha sido quitada, tus culpas han sido perdonadas"?

- ¿Dejo que Dios me reconcilie? ¿Dejo que el Señor me perdone?

- ¿Escucho la voz de Dios? ¿Qué me dice?

- ¿Me dejo interpelar por las preguntas y las propuestas que el Señor me hace?

- ¿Qué le respondo?

- ¿Qué significa para mí hoy la frase: "Aquí estoy yo, envíame a mí"?

SUGERENCIAS PARA LA ORACIÓN:

Para suscitar la respuesta de la oración se puede leer otro texto bíblico que ilumine la dinámica de la *Lectio Divina* que estamos realizando. En nuestro texto se visualiza la convicción final del profeta que se dispone a cumplir la voluntad de Dios diciendo: "Aquí estoy yo, envíame a mí". A la luz de esto proponemos un texto bíblico cristológico donde se señala como el mismo Señor Jesucristo, verdadero Dios y verdadero hombre, se hace obediente a la voluntad del Padre.

> **5 Por eso Cristo, al entrar en el mundo, dijo a Dios: "No quieres sacrificio ni ofrendas, sino que me has dado un cuerpo. 6 No te agradan los holocaustos ni las ofrendas para quitar el pecado. 7 Entonces dije: 'Aquí estoy, tal como está escrito de mí en el libro, para hacer tu voluntad, oh Dios.'"** (Hebreos 10.5-7)

Este texto nos permite asociar al Misterio de la obediencia de Cristo a la voluntad de su Padre con nuestra respuesta obediente al llamamiento del Señor a la misión. Nótese que el texto de Hebreos cita a su vez otro texto del Antiguo Testamento en el Salmo 40.6-8.

SUGERENCIAS PARA LA CONTEMPLACIÓN:

Para interiorizar la Palabra de esta *Lectio Divina* se podría sintetizar todo el mensaje de grandeza y trascendencia de Dios con las palabras de los serafines en el versículo 3: **"Santo, santo, santo es el Señor todopoderoso; toda la tierra está llena de su gloria".**

Repitamos serena y rítmicamente este versículo. Vayamos imaginando todo el texto y representémonoslo también para nosotros hoy. Repitamos con la mente, repitamos con los labios, repitamos en voz baja.

SUGERENCIAS PARA LA ACCIÓN:

La respuesta del profeta, iluminada por la actitud de sumisión de Cristo a la voluntad del Padre, nos debe hacer entrar en la dinámica de dejarnos enviar por Dios para que cumplamos la misión. La clave es el verbo enviar y la responsabilidad de ser su mensajero.

En lo particular, cada uno debería preguntarse:

- ¿A dónde me quiere enviar hoy el Señor?
- ¿En qué ámbitos, de manera concreta, Dios me pide que sea su mensajero?

Luego de haber hecho a conciencia la *Lectio Divina*, recibiremos la luz del Señor para actuar de manera concreta allí donde él quiera enviarnos. Pensemos en algunos ejemplos concretos:

- El Señor me envía a ser su mensajero con las personas de mi barrio, con mis amigos, con los compañeros de trabajo, con quienes estudio, con los que practico deportes.
- El Señor me envía a ser su mensajero en situaciones más delicadas. Donde hay injusticia o donde hay personas que son maltratadas. En situaciones donde hay conflicto y violencia.

SEGUNDO EJERCICIO:

Jesús y Zaqueo

[1] **Jesús entró en Jericó y comenzó a atravesar la ciudad.** [2] **Vivía allí un hombre rico llamado Zaqueo, jefe de los que cobraban impuestos para Roma.** [3] **Este quería conocer a Jesús, pero no conseguía verlo porque había mucha gente y Zaqueo era pequeño de estatura.** [4] **Por eso corrió adelante y, para alcanzar a verlo, se subió a un árbol cerca de donde Jesús tenía que pasar.** [5] **Cuando Jesús pasaba por allí, miró hacia arriba y le dijo:**

—**Zaqueo, baja en seguida, porque hoy tengo que quedarme en tu casa.**

[6] **Zaqueo bajó aprisa, y con gusto recibió a Jesús.** [7] **Al ver esto, todos comenzaron a criticar a Jesús, diciendo que había ido a quedarse en la casa de un pecador.** [8] **Zaqueo se levantó entonces y le dijo al Señor:**

—**Mira, Señor, voy a dar a los pobres la mitad de todo lo que tengo; y si le he robado algo a alguien, le devolveré cuatro veces más.**

[9] **Jesús le dijo:**

—Hoy ha llegado la salvación a esta casa, porque este hombre también es descendiente de Abraham. [10] **Pues el Hijo del hombre ha venido a buscar y salvar lo que se había perdido.**

(Lucas 19.1-10)

ALGUNAS PISTAS PARA LA LECTURA:

Se trata de un texto que solamente aparece en el Evangelio según San Lucas. Es decir, no tiene relatos paralelos ni en Marcos, ni en Mateo, ni en Juan. En la perspectiva de la misericordia divina, que de manera particular Lucas desarrollará a lo largo de su Evangelio y del libro de los Hechos de los apóstoles, Zaqueo es el modelo de conversión del corazón. Cambio profundo, real, concreto y eficaz que tiene su fuente en la misma presencia del Señor Jesús que se autoinvita a la casa, al corazón de este pecador.

Como ejemplo de memoria bíblica podemos recordar otra frase similar de Jesús a la que aquí tenemos en el versículo 10: **"Pues el Hijo del hombre ha venido a buscar y salvar lo que se había perdido"**. La encontramos en Lucas 5.31, 32: **"Jesús les contesto: Los que están buenos y sanos no necesitan médico, sino los enfermos. Yo no he venido a llamar a los justos, sino a los pecadores, para que se vuelvan a Dios"**.

Los lugares que se describen en el relato son:

- **Jericó:** Una ciudad al suroeste de Judá, cerca de la desembocadura del río Jordán en el Mar Muerto. Es una ciudad muy antigua en un lugar estratégico de comunicaciones terrestres.

- **Un árbol:** Literalmente una árbol sicómoro. Es parecido a la higuera, es frondoso y fácil de trepar por él.

- **La casa de Zaqueo.**

Los personajes con sus acciones y descripciones son:

- **Jesús:** Entra y atraviesa la ciudad, mira hacia arriba y se autoinvita a la casa de Zaqueo. Explica y proclama lo que ha hecho con Zaqueo; anuncia la salvación para todos los que están perdidos.

- **Hombre rico llamado Zaqueo:** Él era jefe de los cobradores de impuestos para Roma, es decir, alguien que tenía muchas posibilidades de hacerse rico con dinero mal habido. Sube a un árbol para poder ver a Jesús, baja del árbol de prisa y recibe al Señor con alegría, cambia de actitud y proclama que va a ser generoso y que devolverá cuatro veces más a los que ha perjudicado.

- **Todos:** Critican a Jesús, murmuran y comentan que ha ido a quedarse en la casa de un pecador.

SUGERENCIAS DE PREGUNTAS PARA LA LECTURA:

- ¿A dónde entró Jesús?
- ¿Qué hizo en la ciudad?
- ¿Quién vivía en Jericó?
- ¿Qué anhelaba Zaqueo?
- ¿Por qué Zaqueo no podía ver a Jesús?
- ¿Qué hizo entonces? ¿Dónde se subió?
- ¿Qué hizo Jesús cuando vio a Zaqueo en el árbol? ¿Qué le dijo?
- ¿Cómo reaccionó Zaqueo?
- ¿Qué comentó la gente cuando Jesús fue a la casa de Zaqueo?
- ¿Qué le dijo Zaqueo al Señor?
- ¿Cómo respondió Jesús a las palabras de Zaqueo?
- ¿Para qué ha venido el Hijo del Hombre?

SUGERENCIAS DE PREGUNTAS PARA LA MEDITACIÓN:

- ¿Busco, como Zaqueo, vencer los obstáculos que me impiden llegar a Jesús?
- ¿Descubro siempre que el Señor me está buscando y esperando?
- ¿Qué hago ante la mirada de Jesús en mi vida? ¿Qué me provoca? ¿A qué me invita?
- ¿Cómo respondo cuando el Señor me dice que quiere alojarse en mi casa, es decir, en mi vida, en mi corazón?
- ¿Reacciono rápidamente y me lleno de alegría?

- ¿Me vuelvo crítico, murmuro y me resisto a aceptar la verdad de que Jesús es compasivo y misericordioso con los pecadores?

- Jesús entra en mi vida y en mi corazón: ¿Dejo que me transforme? ¿Cambio mi actitud para bien? ¿Abandono el pecado para recibir la vida nueva de la gracia?

- ¿Busco ser generoso y reparar el daño realizado a otros?

- ¿Tengo capacidad para compartir con todos, especialmente con los más pobres y necesitados, lo poco o lo mucho que tengo?

- ¿Entrego mi tiempo, mis capacidades y mis talentos al servicio de los demás?

- ¿Acepto la salvación como un don de Dios para mí y para todos, incluso los más pecadores?

SUGERENCIAS PARA LA ORACIÓN:

Para iluminar la respuesta de la oración ofrecemos una parte de la reflexión del Papa Benedicto XVI, el 4 de noviembre de 2007 durante la oración mariana del Ángelus:

> ¡Queridos hermanos y hermanas! Hoy la liturgia presenta a nuestra meditación el conocido episodio evangélico del encuentro de Jesús con Zaqueo en la ciudad de Jericó. ¿Quién era Zaqueo? Un hombre rico que, como oficio, ejercía de «publicano», esto es, recaudador de impuestos por cuenta de la autoridad romana, y precisamente por esto estaba considerado como un pecador público. Al saber que Jesús pasaba por Jericó, aquel hombre se vio invadido por un gran deseo de verle, y como era bajo de estatura, subió a un árbol. Jesús se detuvo precisamente bajo aquel árbol y se dirigió a él llamándole por su nombre: «Zaqueo, baja pronto; porque hoy debo quedarme en tu casa» (Lc 19,5). ¡Qué mensaje en esta sencilla frase! «Zaqueo»: Jesús llama por su nombre a un hombre despreciado de todos. «Hoy»: sí, precisamente éste es para él el momento de la salvación. «Debo quedarme»: ¿por qué «debo»? Porque el Padre, rico de misericordia, quiere que Jesús vaya a «buscar y salvar lo que estaba perdido» (Lc 19,10). La gracia de aquel encuentro imprevisible fue tal que cambió completamente

> *la vida de Zaqueo: «He aquí —confesó a Jesús— que doy la mitad de mis bienes a los pobres y, si he defraudado a alguien, le restituyo cuatro veces más» (Lc 19,8). De nuevo el Evangelio nos dice que el amor, partiendo del corazón de Dios y actuando a través del corazón del hombre, es la fuerza que renueva el mundo.* [60]

Dejemos que las palabras del Santo Padre susciten en nosotros la primera respuesta de la oración, luego de la lectura y la meditación de Lucas 19.1-10.

SUGERENCIAS PARA LA CONTEMPLACIÓN:

Para la contemplación se puede tomar la imagen de Jesús que se autoinvita a la casa de Zaqueo y hacerla propia para cada uno de nosotros como orantes de estas palabras. Memoricemos primero la segunda parte del versículo 5: **"Zaqueo, baja en seguida, porque hoy tengo que quedarme en tu casa".**

Pongamos nuestro nombre y no tengamos miedo de escuchar una y mil veces la voz del Señor que nos dice: *"[Elena, Francisco, Noelia, Jorge, Patricia, Mauro…],* **baja en seguida, porque hoy tengo que quedarme en tu casa".**

SUGERENCIAS PARA LA ACCIÓN:

No es un texto difícil para planificar una acción dado que el mismo relato describe una serie de acciones por parte del Zaqueo "convertido". La dificultad no está en planificar si no en realizar las acciones positivas. Por eso deberíamos proponernos uno o dos gestos concretos de cambio y conversión en nuestra vida. Deben estar en consonancia con aquellas cosas negativas que veamos en nosotros mismos. Aquí hay algunos ejemplos:

- Acercarme al Sacramento de la Reconciliación para confesar mis pecados y recibir la absolución sacramental.
- Dejar de ser malhumorado y protestar por todo.
- Compartir algún bien particular con otros: Hacer una visita, dar una limosna a un pobre, dar una palabra de aliento a quién está abatido.
- Pedir perdón a alguien que haya ofendido o dañado en el pasado.

MENSAJE AL PUEBLO DE DIOS DE LA XII ASAMBLEA GENERAL ORDINARIA DEL SÍNODO DE LOS OBISPOS

A los hermanos y hermanas

"paz … y caridad con fe de parte de Dios Padre y del Señor Jesucristo. La gracia sea con todos los que aman a nuestro Señor Jesucristo en la vida incorruptible". Con este saludo tan intenso y apasionado san Pablo concluía su Epístola a los cristianos de Éfeso (6, 23-24). Con estas mismas palabras nosotros, los Padres sinodales, reunidos en Roma para la XII Asamblea General Ordinaria del Sínodo de los Obispos bajo la guía del Santo Padre Benedicto XVI, comenzamos nuestro mensaje dirigido al inmenso horizonte de todos aquellos que en las diferentes regiones del mundo siguen a Cristo como discípulos y continúan amándolo con amor incorruptible.

A ellos les propondremos de nuevo la voz y la luz de la Palabra de Dios, repitiendo la antigua llamada: "La palabra está muy cerca de ti, en tu boca y en tu corazón, para que la pongas en práctica" (Dt 30,14). Y Dios mismo le dirá a cada uno: "Hijo de hombre, todas las palabras que yo te dirija, guárdalas en tu corazón y escúchalas atentamente" (Ez 3,10). Ahora les propondremos a todos un viaje espiritual que se desarrollará en cuatro etapas y desde lo eterno y lo infinito de Dios nos conducirá hasta nuestras casas y por las calles de nuestras ciudades.

I. LA VOZ DE LA PALABRA: LA REVELACIÓN

1. "El Señor les habló desde fuego, y ustedes escuchaban el sonido de sus palabras, pero no percibían ninguna figura: sólo se oía la voz" (Dt 4,12). Es Moisés quien habla, evocando la experiencia vivida por Israel en la dura soledad del desierto del Sinaí. El Señor se había presentado, no como una imagen o una efigie o una estatua similar al becerro de oro, sino con "rumor de palabras". Es una voz que había entrado en escena en el preciso momento del comienzo de la creación, cuando había rasgado el silencio de la nada: "En el principio… dijo Dios: "Haya luz", y hubo luz… En el principio existía la Palabra… y la Palabra era Dios …Todo se hizo por ella y sin ella no se hizo nada" (Gn 1, 1.3; Jn 1, 1-3).

Lo creado no nace de una lucha intradivina, como enseñaba la antigua mitología mesopotámica, sino de una palabra que vence la nada y crea el ser. Canta el Salmista: "Por la Palabra del Señor fueron hechos los cielos, por el aliento de su boca todos sus ejércitos … pues él habló y así fue, él lo mandó y se hizo" (Sal 33, 6.9). Y san Pablo repetirá "Dios que da la vida a los muertos y llama a las cosas que no son para que sean" (Rm 4, 17). Tenemos de esta forma una primera revelación "cósmica" que hace que lo creado se asemeje a una especie de inmensa página abierta delante de toda la humanidad, en la que se puede leer un mensaje del Creador: "Los cielos cuentan la gloria de Dios, el firmamento anuncia la obra de sus manos; el día al día comunica el mensaje, la noche a la noche le pasa la noticia. Sin hablar y sin palabras, y sin voz que pueda oírse, por toda la tierra resuena su proclama, por los confines del orbe" (Sal 19, 2-5).

2. Pero la Palabra divina también se encuentra en la raíz de la historia humana. El hombre y la mujer, que son "imagen y semejanza de Dios" (Gn 1, 27) y que por tanto llevan en sí la huella divina, pueden entrar en diálogo con su Creador o pueden alejarse de él y rechazarlo por medio del pecado. Así pues, la Palabra de Dios salva y juzga, penetra en la trama de la historia con su tejido de situaciones y acontecimientos: "He visto la aflicción de mi pueblo en Egipto, he escuchado el clamor … conozco sus sufrimientos. He bajado para librarlo de la mano de los egipcios y para sacarlo de esta tierra a una tierra buena y espaciosa …" (Ex 3, 7-8). Hay, por tanto, una presencia divina en las situaciones humanas que, mediante la acción del Señor de la historia, se insertan en un plan más elevado de salvación, para que "todos los hombres se salven y lleguen al conocimiento pleno de la verdad" (1 Tm 2,4).

3. La Palabra divina eficaz, creadora y salvadora, está por tanto en el principio del ser y de la historia, de la creación y la redención. El Señor sale al encuentro de la humanidad proclamando: "Lo digo y lo hago" (Ez 37,14). Sin embargo, hay una etapa posterior que la voz divina recorre: es la de la Palabra escrita, la Graphé o las Graphai, las Escrituras sagradas, como se dice en el Nuevo Testamento. Ya Moisés había descendido de la cima del Sinaí llevando "las dos tablas del Testimonio en su mano, tablas escritas por ambos lados; por una y otra cara estaban escritas. Las tablas eran obra de Dios, y la escritura era escritura de Dios" (Ex 32,15-16). Y el propio Moisés prescribirá a Israel que conserve y reescriba estas "tablas del Testimonio": "Y escribirás en esas piedras todas las palabras de esta Ley. Grábalas bien" (Dt 27, 8).

Las Sagradas Escrituras son el "testimonio" en forma escrita de la Palabra divina, son el memorial canónico, histórico y literario que atestigua el evento de la Revelación creadora y salvadora. Por tanto, la Palabra de Dios precede y excede la Biblia, si bien está "inspirada por Dios" y contiene la Palabra divina eficaz (cf. 2 Tm 3, 16). Por este motivo nuestra fe no tiene en el centro sólo un libro, sino una historia de salvación y, como veremos, una persona, Jesucristo, Palabra de Dios hecha carne, hombre, historia. Precisamente porque el horizonte de la Palabra divina abraza y se extiende más allá de la Escritura, es necesaria la constante presencia del Espíritu Santo que "guía hasta la verdad completa" (Jn 16, 13) a quien lee la Biblia. Es ésta la gran Tradición, presencia eficaz del "Espíritu de verdad" en la Iglesia, guardián de las Sagradas Escrituras, auténticamente interpretadas por el Magisterio eclesial. Con la Tradición se llega a la comprensión, la interpretación, la comunicación y el testimonio de la Palabra de Dios. El propio san Pablo, cuando proclamó el primer Credo cristiano, reconocerá que "transmitió" lo que él "a su vez recibió" de la Tradición (1 Cor 15, 3-5).

II. EL ROSTRO DE LA PALABRA: JESUCRISTO

4. En el original griego son sólo tres las palabras fundamentales: Lógos, sarx, eghéneto, "el Verbo/Palabra se hizo carne". Sin embargo, éste no es sólo el ápice de esa joya poética y teológica que es el prólogo del Evangelio de san Juan (1, 14), sino el corazón mismo de la fe cristiana. La Palabra eterna y divina entra en el espacio y en el tiempo y asume un rostro y una identidad humana, tan es así que es posible acercarse a ella directamente pidiendo, como hizo aquel grupo de griegos presentes en Jerusalén: "Queremos ver a Jesús" (Jn 12, 20-21). Las palabras sin un rostro no son perfectas, porque no cumplen plenamente el encuentro, como recordaba Job, cuando llegó al final de su dramático itinerario de búsqueda: "Sólo de oídas te conocía, pero ahora te han visto mis ojos" (42, 5).

Cristo es "la Palabra que está junto a Dios y es Dios", es "imagen de Dios invisible, primogénito de toda la creación" (Col 1, 15); pero también es Jesús de Nazaret, que camina por las calles de una provincia marginal del imperio romano, que habla una lengua local, que presenta los rasgos de un pueblo, el judío, y de su cultura. El Jesucristo real es, por tanto, carne frágil y mortal, es historia y humanidad, pero también es gloria, divinidad, misterio: Aquel que nos ha revelado el Dios que nadie ha visto jamás (cf. Jn 1,

18). El Hijo de Dios sigue siendo el mismo aún en ese cadáver depositado en el sepulcro y la resurrección es su testimonio vivo y eficaz.

5. Así pues, la tradición cristiana ha puesto a menudo en paralelo la Palabra divina que se hace carne con la misma Palabra que se hace libro. Es lo que ya aparece en el Credo cuando se profesa que el Hijo de Dios "por obra del Espíritu Santo se encarnó de María, la Virgen", pero también se confiesa la fe en el mismo "Espíritu Santo que habló por los profetas". El Concilio Vaticano II recoge esta antigua tradición según la cual "el cuerpo del Hijo es la Escritura que nos fue transmitida" - como afirma san Ambrosio (In Lucam VI, 33) - y declara límpidamente: "Las palabras de Dios expresadas con lenguas humanas se han hecho semejantes al habla humana, como en otro tiempo el Verbo del Padre Eterno, tomada la carne de la debilidad humana, se hizo semejante a los hombres" (DV 13).

En efecto, la Biblia es también "carne", "letra", se expresa en lenguas particulares, en formas literarias e históricas, en concepciones ligadas a una cultura antigua, guarda la memoria de hechos a menudo trágicos, sus páginas están surcadas no pocas veces de sangre y violencia, en su interior resuena la risa de la humanidad y fluyen las lágrimas, así como se eleva la súplica de los infelices y la alegría de los enamorados. Debido a esta dimensión "carnal", exige un análisis histórico y literario, que se lleva a cabo a través de distintos métodos y enfoques ofrecidos por la exégesis bíblica. Cada lector de las Sagradas Escrituras, incluso el más sencillo, debe tener un conocimiento proporcionado del texto sagrado recordando que la Palabra está revestida de palabras concretas a las que se pliega y adapta para ser audible y comprensible a la humanidad.

Éste es un compromiso necesario: si se lo excluye, se podría caer en el fundamentalismo que prácticamente niega la encarnación de la Palabra divina en la historia, no reconoce que esa palabra se expresa en la Biblia según un lenguaje humano, que tiene que ser descifrado, estudiado y comprendido, e ignora que la inspiración divina no ha borrado la identidad histórica y la personalidad propia de los autores humanos. Sin embargo, la Biblia también es Verbo eterno y divino y por este motivo exige otra comprensión, dada por el Espíritu Santo que devela la dimensión trascendente de la Palabra divina, presente en las palabras humanas.

6. He aquí, por tanto, la necesidad de la "viva Tradición de toda la Iglesia" (DV 12) y de la fe para comprender de modo unitario y pleno las Sagradas Escrituras. Si nos

detenemos sólo en la "letra", la Biblia entonces se reduce a un solemne documento del pasado, un noble testimonio ético y cultural. Pero si se excluye la encarnación, se puede caer en el equívoco fundamentalista o en un vago espiritualismo o psicologismo. El conocimiento exegético tiene, por tanto, que entrelazarse indisolublemente con la tradición espiritual y teológica para que no se quiebre la unidad divina y humana de Jesucristo, y de las Escrituras.

En esta armonía reencontrada, el rostro de Cristo brillará en su plenitud y nos ayudará a descubrir otra unidad, la unidad profunda e íntima de las Sagradas Escrituras, el hecho de ser, en realidad 73 libros, que sin embargo se incluyen en un único "Canon", en un único diálogo entre Dios y la humanidad, en un único designio de salvación. "Muchas veces y de muchas maneras habló Dios en el pasado a nuestros Padres por medio de los Profetas. En estos últimos tiempos nos ha hablado por medio del Hijo" (Hb 1, 1-2). Cristo proyecta de esta forma retrospectivamente su luz sobre la entera trama de la historia de la salvación y revela su coherencia, su significado, su dirección.

Él es el sello, "el Alfa y la Omega" (Ap 1, 8) de un diálogo entre Dios y sus criaturas repartido en el tiempo y atestiguado en la Biblia. Es a la luz de este sello final cómo adquieren su "pleno sentido" las palabras de Moisés y de los profetas, como había indicado el mismo Jesús aquella tarde de primavera, mientras él iba de Jerusalén hacia el pueblo de Emaús, dialogando con Cleofás y su amigo, cuando "les explicó lo que había sobre él en todas las Escrituras" (Lc 24, 27).

Precisamente porque en el centro de la Revelación está la Palabra divina transformada en rostro, el fin último del conocimiento de la Biblia no está "en una decisión ética o una gran idea, sino en el encuentro con un acontecimiento, con una Persona, que da un nuevo horizonte a la vida y, con ello, una orientación decisiva" (Deus caritas est, 1).

III. LA CASA DE LA PALABRA: LA IGLESIA

Como la sabiduría divina en el Antiguo Testamento, había edificado su casa en la ciudad de los hombres y de las mujeres, sosteniéndola sobre sus siete columnas (cf. Pr 9, 1), también la Palabra de Dios tiene una casa en el Nuevo Testamento: es la Iglesia que posee su modelo en la comunidad-madre de Jerusalén, la Iglesia, fundada sobre Pedro y los apóstoles y que hoy, a través de los obispos en comunión con el sucesor de Pedro, sigue siendo garante, animadora e intérprete de la Palabra (cf. LG 13). Lucas, en los Hechos de los Apóstoles (2, 42), esboza la arquitectura basada sobre cuatro columnas ideales: "Todos se reunían asiduamente para escuchar la enseñanza de los apóstoles y participar en la vida común, en la fracción del pan, y en las oraciones".

7. En primer lugar, esto es la didaché apostólica, es decir, la predicación de la Palabra de Dios. El apóstol Pablo, en efecto, nos advierte que "la fe por lo tanto, nace de la predicación y la predicación se realiza en virtud de la Palabra de Cristo" (Rm 10, 17). Desde la Iglesia sale la voz del mensajero que propone a todos el kérygma, o sea el anuncio primario y fundamental que el mismo Jesús había proclamado al comienzo de su ministerio público: "el tiempo se ha cumplido, el reino de Dios está cerca. Arrepentíos! Y creed en el Evangelio" (Mc 1, 15). Los apóstoles anuncian la inauguración del Reino de Dios y, por lo tanto, de la decisiva intervención divina en la historia humana, proclamando la muerte y la resurrección de Cristo: "En ningún otro hay salvación, ni existe bajo el cielo otro Nombre dado a los hombres, por el cual podamos salvarnos" (Hch 4, 12). El cristiano da testimonio de su esperanza: "háganlo con delicadeza y respeto, y con tranquilidad de conciencia", preparado sin embargo a ser también envuelto y tal vez arrollado por el torbellino del rechazo y de la persecución, consciente de que "es mejor sufrir por hacer el bien, si ésa es la voluntad de Dios, que por hacer el mal" (1 Pe 3, 16-17).

En la Iglesia resuena, después, la catequesis que está destinada a profundizar en el cristiano "el misterio de Cristo a la luz de la Palabra para que todo el hombre sea irradiado por ella" (Juan Pablo II, Catechesi tradendae, 20). Pero el apogeo de la predicación está en la homilía que aún hoy, para muchos cristianos, es el momento culminante del encuentro con la Palabra de Dios. En este acto, el ministro debería transformarse también en profeta. En efecto, Él debe con un lenguaje nítido, incisivo y sustancial y no sólo con autoridad "anunciar las maravillosas obras de Dios en la historia de la salvación" (SC 35) - ofrecidas anteriormente, a través de una clara y viva lectura del texto bíblico propuesto por la liturgia - pero que también debe actualizarse según los tiempos y momentos vividos por los oyentes, haciendo germinar en sus corazones la pregunta para la conversión y para el compromiso vital: "¿qué tenemos que hacer?" (He 2, 37).

El anuncio, la catequesis y la homilía suponen, por lo tanto, la capacidad de leer y de comprender, de explicar e interpretar, implicando la mente y el corazón. En la predicación se cumple, de este modo, un doble movimiento. Con el primero se remonta a los orígenes de los textos sagrados, de los eventos, de las palabras generadoras de la historia de la salvación para comprenderlas en su significado y en su mensaje. Con el segundo movimiento se vuelve al presente, a la actualidad vivida por quien escucha y lee siempre a la luz del Cristo que es el hilo luminoso destinado a unir las Escrituras. Es lo que el mismo Jesús había hecho - como ya dijimos - en el itinerario de Jerusalén a Emaús, en compañía de sus dos discípulos. Esto es lo que hará el diácono Felipe en el camino de Jerusalén a Gaza, cuando junto al funcionario etíope instituirá ese diálogo emblemático: "¿Entiendes lo que estás leyendo? […] ¿Cómo lo voy a entender si no tengo quien me lo explique?" (Hch 8, 30-31). Y la meta será el encuentro íntegro con Cristo en el sacramento. De esta manera se presenta la segunda columna que sostiene la Iglesia, casa de la Palabra divina.

8. Es la fracción del pan. La escena de Emaús (cf. Lc 24, 13-35) una vez más es ejemplar y reproduce cuanto sucede cada día en nuestras iglesias: después de la homilía de Jesús sobre Moisés y los profetas aparece, en la mesa, la fracción del pan eucarístico. Éste es el momento del diálogo íntimo de Dios con su pueblo, es el acto de la nueva alianza sellada con la sangre de Cristo (cf. Lc 22, 20), es la obra suprema del Verbo que se ofrece como alimento en su cuerpo inmolado, es la fuente y la cumbre de la vida y de la misión de la Iglesia. La narración evangélica de la última cena, memorial del sacrificio de Cristo, cuando se proclama en la celebración eucarística, en la invocación del Espíritu Santo, se convierte en evento y sacramento. Por esta razón es que el Concilio Vaticano II, en un pasaje de gran intensidad, declaraba: "La Iglesia ha venerado siempre las Sagradas Escrituras al igual que el mismo Cuerpo del Señor, no dejando de tomar de la mesa y de distribuir a los fieles el pan de vida, tanto de la Palabra de Dios como del Cuerpo de Cristo" (DV 21). Por esto, se deberá volver a poner en el centro de la vida cristiana "la Liturgia de la Palabra y la Eucarística que están tan íntimamente unidas de tal manera que constituyen un solo acto de culto" (SC 56).

9. La tercera columna del edificio espiritual de la Iglesia, la casa de la Palabra, está constituida por las oraciones, entrelazadas - como recordaba san Pablo - por "salmos, himnos, alabanzas espontáneas" (Col 3, 16). Un lugar privilegiado lo ocupa naturalmente

la Liturgia de las horas, la oración de la Iglesia por excelencia, destinada a marcar el paso de los días y de los tiempos del año cristiano que ofrece, sobre todo con el Salterio, el alimento espiritual cotidiano del fiel. Junto a ésta y a las celebraciones comunitarias de la Palabra, la tradición ha introducido la práctica de la Lectio divina, lectura orante en el Espíritu Santo, capaz de abrir al fiel no sólo el tesoro de la Palabra de Dios sino también de crear el encuentro con Cristo, Palabra divina y viviente.

Ésta se abre con la lectura (lectio) del texto que conduce a preguntarnos sobre el conocimiento auténtico de su contenido práctico: ¿qué dice el texto bíblico en sí? Sigue la meditación (meditatio) en la cual la pregunta es: ¿qué nos dice el texto bíblico? De esta manera se llega a la oración (oratio) que supone otra pregunta: ¿qué le decimos al Señor como respuesta a su Palabra? Se concluye con la contemplación (contemplatio) durante la cual asumimos como don de Dios la misma mirada para juzgar la realidad y nos preguntamos: ¿qué conversión de la mente, del corazón y de la vida nos pide el Señor?

Frente al lector orante de la Palabra de Dios se levanta idealmente el perfil de María, la madre del Señor, que "conservaba estas cosas y las meditaba en su corazón" (Lc 2, 19; cf. 2, 51), - como dice el texto original griego - encontrando el vínculo profundo que une eventos, actos y cosas, aparentemente desunidas, con el plan divino. También se puede presentar a los ojos del fiel que lee la Biblia, la actitud de María, hermana de Marta, que se sienta a los pies del Señor a la escucha de su Palabra, no dejando que las agitaciones exteriores le absorban enteramente su alma, y ocupando también el espacio libre de "la parte mejor" que no nos debe ser quitada (cf. Lc 10, 38-42).

10. Aquí estamos, finalmente, frente a la última columna que sostiene la Iglesia, casa de la Palabra: la koinonía, la comunión fraterna, otro de los nombres del ágape, es decir, del amor cristiano. Como recordaba Jesús, para convertirse en sus hermanos o hermanas se necesita ser "los hermanos que oyen la Palabra de Dios y la cumplen" (Lc 8, 21). La escucha auténtica es obedecer y actuar, es hacer florecer en la vida la justicia y el amor, es ofrecer tanto en la existencia como en la sociedad un testimonio en la línea del llamado de los profetas que constantemente unía la Palabra de Dios y la vida, la fe y la rectitud, el culto y el compromiso social. Esto es lo que repetía continuamente Jesús, a partir de la célebre admonición en el Sermón de la montaña: "No todo el que me dice: ¡Señor, Señor! entrará en el reino de los cielos, sino el que hace la voluntad

de mi Padre que está en los cielos" (Mt 7, 21). En esta frase parece resonar la Palabra divina propuesta por Isaías: "Este pueblo se me acerca con su boca, y con sus labios me honra, pero su corazón está lejos de mí" (29, 13). Estas advertencias son también para las iglesias cuando no son fieles a la escucha obediente de la Palabra de Dios.

Por ello, ésta debe ser visible y legible ya en el rostro mismo y en las manos del creyente, como lo sugirió san Gregorio Magno que veía en san Benito, y en los otros grandes hombres de Dios, los testimonios de la comunión con Dios y sus hermanos, con la Palabra de Dios hecha vida. El hombre justo y fiel no sólo "explica" las Escrituras, sino que las "despliega" frente a todos como realidad viva y practicada. Por eso es que la viva lectio, vita bonorum o la vida de los buenos, es una lectura/lección viviente de la Palabra divina. Ya san Juan Crisóstomo había observado que los apóstoles descendieron del monte de Galilea, donde habían encontrado al Resucitado, sin ninguna tabla de piedra escrita como sucedió con Moisés, ya que desde aquel momento, sus mismas vidas se transformaron en Evangelio viviente.

En la casa de la Palabra Divina encontramos también a los hermanos y las hermanas de las otras Iglesias y comunidades eclesiales que, a pesar de la separación que todavía hoy existe, se reencuentran con nosotros en la veneración y en el amor por la Palabra de Dios, principio y fuente de una primera y verdadera unidad, aunque, incompleta. Este vínculo siempre debe reforzarse por medio de las traducciones bíblicas comunes, la difusión del texto sagrado, la oración bíblica ecuménica, el diálogo exegético, el estudio y la comparación entre las diferentes interpretaciones de las Sagradas Escrituras, el intercambio de los valores propios de las diversas tradiciones espirituales, el anuncio y el testimonio común de la Palabra de Dios en un mundo secularizado.

IV. LOS CAMINOS DE LA PALABRA: LA MISIÓN

"Porque de Sión saldrá la Ley y de Jerusalén la palabra del Señor" (Is 2,3). La Palabra de Dios personificada "sale" de su casa, del templo, y se encamina a lo largo de los caminos del mundo para encontrar el gran peregrinación que los pueblos de la tierra han emprendido en la búsqueda de la verdad, de la justicia y de la paz. Existe, en efecto, también en la moderna ciudad secularizada, en sus plazas, y en sus calles - donde parecen reinar la incredulidad y la indiferencia, donde el mal parece prevalecer sobre el bien, creando la impresión de la victoria de Babilonia sobre Jerusalén - un deseo escondido, una esperanza germinal, una conmoción de esperanza. Come se lee en el libro del profeta Amos, "vienen días - dice Dios, el Señor - en los cuales enviaré hambre a la tierra. No de pan, ni sed de agua, sino de oír la Palabra de Dios" (8, 11). A este hambre quiere responder la misión evangelizadora de la Iglesia.

Asimismo Cristo resucitado lanza el llamado a los apóstoles, titubeantes para salir de las fronteras de su horizonte protegido: "Por tanto, id a todas las naciones, haced discípulos […] y enseñadles a obedecer todo lo que os he mandado" (Mt 28, 19-20). La Biblia está llena de llamadas a "no callar", a "gritar con fuerza", a "anunciar la Palabra en el momento oportuno e importuno" a ser guardianes que rompen el silencio de la indiferencia. Los caminos que se abren frente a nosotros, hoy, no son únicamente los que recorrió san Pablo o los primeros evangelizadores y, detrás de ellos, todos los misioneros fueron al encuentro de la gente en tierras lejanas.

11. La comunicación extiende ahora una red que envuelve todo el mundo y el llamado de Cristo adquiere un nuevo significado: "Lo que yo les digo en la oscuridad, repítanlo en pleno día, y lo que escuchen al oído, proclámenlo desde lo alto de las casas" (Mt 10, 27). Ciertamente, la Palabra sagrada debe tener una primera transparencia y difusión por medio del texto impreso, con traducciones que respondan a la variedad de idiomas de nuestro planeta. Pero la voz de la Palabra divina debe resonar también a través de la radio, las autopistas de la información de Internet, los canales de difusión virtual on line, los CD, los DVD, los podcast (MP3) y otros; debe aparecer en las pantallas televisivas y cinematográficas, en la prensa, en los eventos culturales y sociales.

Esta nueva comunicación, comparándola con la tradicional, ha asumido una gramática expresiva específica y es necesario, por lo tanto, estar preparados no sólo en el plano técnico, sino también cultural para dicha empresa. En un tiempo dominado por la imagen, propuesta especialmente desde el medio hegemónico de la comunicación que es la televisión, es todavía significativo y sugestivo el modelo privilegiado por Cristo. Él recurría al símbolo, a la narración, al ejemplo, a la experiencia diaria, a la parábola: "Todo esto lo decía Jesús a la muchedumbre por medio de parábolas […] y no les hablaba sin parábolas" (Mt 13, 3.34). Jesús en su anuncio del reino de Dios, nunca se dirigía a sus interlocutores con un lenguaje vago, abstracto y etéreo, sino que les conquistaba partiendo justamente de la tierra, donde apoyaban sus pies para conducirlos de lo cotidiano, a la revelación del reino de los cielos. Se vuelve entonces significativa la escena evocada por Juan: "Algunos quisieron prenderlo, pero ninguno le echó mano. Los guardias volvieron a los principales sacerdotes y a los fariseos. Y ellos les preguntaron: ¿Por qué no lo trajiste? Los guardias respondieron: "Jamás hombre alguno habló como este hombre" (7, 44-46).

12. Cristo camina por las calles de nuestras ciudades y se detiene ante el umbral de nuestras casas: "Mira que estoy a la puerta y llamo; si alguno oye mi voz y me abre la puerta, entraré en su casa, cenaré con él y él conmigo" (Ap 3, 20). La familia, encerrada en su hogar, con sus alegrías y sus dramas, es un espacio fundamental en el que debe entrar la Palabra de Dios. La Biblia está llena de pequeñas y grandes historias familiares y el Salmista imagina con vivacidad el cuadro sereno de un padre sentado a la mesa, rodeado de su esposa, como una vid fecunda, y de sus hijos, como "brotes de olivo" (Sal 128). Los primeros cristianos celebraban la liturgia en lo cotidiano de una casa, así como Israel confiaba a la familia la celebración de la Pascua (cf. Ex 12, 21-27). La Palabra de Dios se transmite de una generación a otra, por lo que los padres se convierten en "los primeros predicadores de la fe" (LG 11). El Salmista también recordaba que "lo que hemos oído y aprendido, lo que nuestros padres nos contaron, no queremos ocultarlo a nuestros hijos, lo narraremos a la próxima generación: son las glorias del Señor y su poder, las maravillas que Él realizó; … y podrán contarlas a sus propios hijos" (Sal 78, 3-4.6).

Cada casa deberá, pues, tener su Biblia y custodiarla de modo concreto y digno, leerla y rezar con ella, mientras que la familia deberá proponer formas y modelos de educación orante, catequística y didáctica sobre el uso de las Escrituras, para que "jóvenes y doncellas también, los viejos junto con los niños" (Sal 148, 12) escuchen, comprendan, alaben y vivan la Palabra de Dios. En especial, las nuevas generaciones, los niños, los jóvenes, tendrán que ser los destinatarios de una pedagogía apropiada y específica, que los conduzca a experimentar el atractivo de la figura de Cristo, abriendo la puerta de su inteligencia y su corazón, a través del encuentro y el testimonio auténtico del adulto, la influencia positiva de los amigos y la gran familia de la comunidad eclesial.

13. Jesús, en la parábola del sembrador, nos recuerda que existen terrenos áridos, pedregosos y sofocados por los abrojos (cf. Mt 13, 3-7). Quien entra en las calles del mundo descubre también los bajos fondos donde anidan sufrimientos y pobreza, humillaciones y opresiones, marginación y miserias, enfermedades físicas, psíquicas

y soledades. A menudo, las piedras de las calles están ensangrentadas por guerras y violencias, en los centros de poder la corrupción se reúne con la injusticia. Se alza el grito de los perseguidos por la fidelidad a su conciencia y su fe. Algunos se ven arrollados por la crisis existencial o su alma se ve privada de un significado que dé sentido y valor a la vida misma. Como es "mera sombra el humano que pasa, sólo un soplo las riquezas que amontona" (Sal 39,7), muchos sienten cernirse sobre ellos también el silencio de Dios, su aparente ausencia e indiferencia: "¿Hasta cuándo, Señor? ¿Me olvidarás para siempre? ¿Hasta cuándo me ocultarás tu rostro?" (Sal 13, 2). Y al final, se yergue ante todos el misterio de la muerte.

La Biblia, que propone precisamente una fe histórica y encarnada, representa incesantemente este inmenso grito de dolor que sube de la tierra hacia el cielo. Bastaría sólo con pensar en las páginas marcadas por la violencia y la opresión, en el grito áspero y continuado de Job, en las vehementes súplicas de los salmos, en la sutil crisis interior que recorre el alma del Eclesiastés, en las vigorosas denuncias proféticas contra las injusticias sociales. Además, se presenta sin atenuantes la condena del pecado radical, que aparece en todo su poder devastador desde los exordios de la humanidad en un texto fundamental del Génesis (c. 3). En efecto, el "misterio del pecado" está presente y actúa en la historia, pero es revelado por la Palabra de Dios que asegura en Cristo la victoria del bien sobre el mal.

Pero, sobre todo, en las Escrituras domina principalmente la figura de Cristo, que comienza su ministerio público precisamente con un anuncio de esperanza para los últimos de la tierra: "El Espíritu del Señor está sobre mí; porque me ha ungido para anunciar a los pobres la Buena Nueva, me ha enviado a proclamar la liberación a los cautivos y la vista a los ciegos, para dar libertad a los oprimidos y proclamar un año de gracia del Señor" (Lc 4, 18-19). Sus manos tocan repetidamente cuerpos enfermos o infectados, sus palabras proclaman la justicia, infunden valor a los infelices, conceden el perdón a los pecadores. Al final, él mismo se acerca al nivel más bajo, "despojándose a sí mismo" de su gloria, "tomando la condición de esclavo, asumiendo la semejanza humana y apareciendo en su porte como hombre … se rebajó a sí mismo, haciéndose obediente hasta la muerte y una muerte de cruz" (Flp 2, 7-8).

Así, siente miedo de morir ("Padre, si es posible, ¡aparta de mí este cáliz!"), experimenta la soledad con el abandono y la traición de los amigos, penetra en la oscuridad del dolor físico más cruel con la crucifixión e incluso en las tinieblas del silencio del Padre ("Dios mío, Dios mío, ¿por qué me has abandonado?") y llega al precipicio último de cada hombre, el de la muerte ("dando un fuerte grito, expiró"). Verdaderamente, a él se puede aplicar la definición que Isaías reserva al Siervo del Señor: "varón de dolores y que conoce el sufrimiento" (cf. 53, 3).

Y aún así, también en ese momento extremo, no deja de ser el Hijo de Dios: en su solidaridad de amor y con el sacrificio de sí mismo siembra en el límite y en el mal de la humanidad una semilla de divinidad, o sea, un principio de liberación y de salvación; con su entrega a nosotros circunda de redención el dolor y la muerte, que él asumió y vivió, y abre también para nosotros la aurora de la resurrección. El cristiano tiene, pues, la misión de anunciar esta Palabra divina de esperanza, compartiéndola con los pobres y los que sufren, mediante el testimonio de su fe en el Reino de verdad y vida, de santidad y gracia, de justicia, de amor y paz, mediante la cercanía amorosa que no juzga ni condena, sino que sostiene, ilumina, conforta y perdona, siguiendo las palabras de Cristo: "Vengan a mí, todos los que están fatigados y agobiados, y yo les daré descanso" (Mt 11, 28).

14. Por los caminos del mundo la Palabra divina genera para nosotros, los cristianos, un encuentro intenso con el pueblo judío, al que estamos íntimamente unidos a través del reconocimiento común y el amor por las Escrituras del Antiguo Testamento, y porque de Israel "procede Cristo según la carne" (Rm 9, 5). Todas las sagradas páginas judías iluminan el misterio de Dios y del hombre, revelan tesoros de reflexión y de moral, trazan el largo itinerario de la historia de la salvación hasta su pleno cumplimiento, ilustran con vigor la encarnación de la Palabra divina en las vicisitudes humanas. Nos permiten comprender plenamente la figura de Cristo, quien había declarado "No penséis que he venido a abolir la Ley y los Profetas. No he venido a abolir, sino a dar cumplimiento" (Mt 5, 17), son camino de diálogo con el pueblo elegido que ha recibido de Dios "la adopción filial, la gloria, las alianzas, la legislación, el culto, las promesas" (Rm 9, 4), y nos permiten enriquecer nuestra interpretación de las Sagradas Escrituras con los recursos fecundos de la tradición exegética judaica.

"Bendito sea mi pueblo Egipto, la obra de mis manos Asiria, y mi heredad Israel" (Is 19, 25). El Señor extiende, por lo tanto, el manto de protección de su bendición sobre todos los pueblos de la tierra, deseoso de que "todos los hombres se salven y lleguen al conocimiento pleno de la verdad" (1Tm 2, 4). También nosotros, los cristianos, por los caminos del mundo, estamos invitados - sin caer en el sincretismo que confunde y humilla la propia identidad espiritual - a entrar con respeto en diálogo con los hombres y mujeres de otras religiones, que escuchan y practican fielmente las indicaciones de sus libros sagrados, comenzando por el islamismo, que en su tradición acoge innumerables figuras, símbolos y temas bíblicos y nos ofrece el testimonio de una fe sincera en el Dios único, compasivo y misericordioso, Creador de todo el ser y Juez de la humanidad.

El cristiano encuentra, además, sintonías comunes con las grandes tradiciones religiosas de Oriente que nos enseñan en sus textos sagrados el respeto a la vida, la contemplación, el silencio, la sencillez, la renuncia, como sucede en el budismo. O bien, como en el hinduismo, exaltan el sentido de lo sagrado, el sacrificio, la peregrinación, el ayuno, los símbolos sagrados. O, también, como en el confucionismo, enseñan la sabiduría y los valores familiares y sociales. También queremos prestar nuestra cordial atención a las religiones tradicionales, con sus valores espirituales expresados en los ritos y las culturas orales, y entablar con ellas un respetuoso diálogo; y con cuantos no creen en Dios, pero se esfuerzan por "respetar el derecho, amar la lealtad, y proceder humildemente" (Mi 6, 8), tenemos que trabajar por un mundo más justo y en paz, y ofrecer en diálogo nuestro genuino testimonio de la Palabra de Dios, que puede revelarles nuevos y más altos horizontes de verdad y de amor.

15. En su Carta a los artistas (1999), Juan Pablo II recordaba que "la Sagrada Escritura se ha convertido en una especie de inmenso vocabulario" (P. Claudel) y de "Atlas iconográfico" (M. Chagall) del que se han nutrido la cultura y el arte cristianos" (n. 5). Goethe estaba convencido de que el Evangelio fuera la "lengua materna de Europa". La Biblia, como se suele decir, es "el gran código" de la cultura universal: los artistas, idealmente, han impregnado sus pinceles en ese alfabeto teñido de historias, símbolos, figuras que son las páginas bíblicas; los músicos han tejido sus armonías alrededor de los textos sagrados, especialmente los salmos; los escritores durante siglos han retomado esas antiguas narraciones que se convertían en parábolas existenciales; los poetas se han planteado preguntas sobre los misterios del espíritu, el infinito, el mal, el amor, la muerte y la vida, recogiendo con frecuencia el clamor poético que animaba las páginas bíblicas; los pensadores, los hombres de ciencia y la misma sociedad a menudo tenían como punto de referencia, aunque fuera por contraste, los conceptos espirituales

y éticos (pensemos en el Decálogo) de la Palabra de Dios. Aun cuando la figura o la idea presente en las Escrituras se deformaba, se reconocía que era imprescindible y constitutiva de nuestra civilización.

Por esto, la Biblia - que también enseña la via pulchritudinis, es decir, el camino de la belleza para comprender y llegar a Dios ("¡tocad para Dios con destreza!", nos invita el Sal 47, 8) - no sólo es necesaria para el creyente, sino para todos, para descubrir nuevamente los significados auténticos de las varias expresiones culturales y, sobre todo, para encontrar nuevamente nuestra identidad histórica, civil, humana y espiritual. En ella se encuentra la raíz de nuestra grandeza y mediante ella podemos presentarnos con un noble patrimonio a las demás civilizaciones y culturas, sin ningún complejo de inferioridad. Por lo tanto, todos deberían conocer y estudiar la Biblia, bajo este extraordinario perfil de belleza y fecundidad humana y cultural.

No obstante, la Palabra de Dios - para usar una significativa imagen paulina - "no está encadenada" (2Tm 2, 9) a una cultura; es más, aspira a atravesar las fronteras y, precisamente el Apóstol fue un artífice excepcional de inculturación del mensaje bíblico dentro de nuevas coordenadas culturales. Es lo que la Iglesia está llamada a hacer también hoy, mediante un proceso delicado pero necesario, que ha recibido un fuerte impulso del magisterio del Papa Benedicto XVI. Tiene que hacer que la Palabra de Dios penetre en la multiplicidad de las culturas y expresarla según sus lenguajes, sus concepciones, sus símbolos y sus tradiciones religiosas. Sin embargo, debe ser capaz de custodiar la sustancia de sus contenidos, vigilando y evitando el riesgo de degeneración.

La Iglesia tiene que hacer brillar los valores que la Palabra de Dios ofrece a otras culturas, de manera que puedan llegar a ser purificadas y fecundadas por ella. Como dijo Juan Pablo II al episcopado de Kenya durante su viaje a África en 1980, "la inculturación será realmente un reflejo de la encarnación del Verbo, cuando una cultura, transformada y regenerada por el Evangelio, produce en su propia tradición expresiones originales de vida, de celebración y de pensamiento cristiano".

CONCLUSIÓN

"La voz de cielo que yo había oído me habló otra vez y me dijo: "Toma el librito que está abierto en la mano del ángel …". Y el ángel me dijo: "Toma, devóralo; te amargará las entrañas, pero en tu boca será dulce como la miel". Tomé el librito de la mano del ángel y lo devoré; y fue en mi boca dulce como la miel; pero, cuando lo comí, se me amargaron las entrañas" (Ap 10, 8-11).

Hermanos y hermanas de todo el mundo, acojamos también nosotros esta invitación; acerquémonos a la mesa de la Palabra de Dios, para alimentarnos y vivir "no sólo de pan, sino de toda palabra que sale de la boca del Señor" (Dt 8, 3; Mt 4, 4). La Sagrada Escritura - como afirmaba una gran figura de la cultura cristiana - "tiene pasajes adecuados para consolar todas las condiciones humanas y pasajes adecuados para atemorizar en todas las condiciones" (B. Pascal, Pensieri, n. 532 ed. Brunschvicg).

La Palabra de Dios, en efecto, es "más dulce que la miel, más que el jugo de panales" (Sal 19, 11), es "antorcha para mis pasos, luz para mi sendero" (Sal 119, 105), pero también "como el fuego y como un martillo que golpea la peña" (Jr 23, 29). Es como una lluvia que empapa la tierra, la fecunda y la hace germinar, haciendo florecer de este modo también la aridez de nuestros desiertos espirituales (cf. Is 55, 10-11). Pero también es "viva, eficaz y más cortante que una espada de dos filos. Penetra hasta la división entre alma y espíritu, articulaciones y médulas; y discierne sentimientos y pensamientos del corazón" (Hb 4, 12).

Nuestra mirada se dirige con afecto a todos los estudiosos, a los catequistas y otros servidores de la Palabra de Dios para expresarles nuestra gratitud más intensa y cordial por su precioso e importante ministerio. Nos dirigimos también a nuestros hermanos y hermanas perseguidos o asesinados a causa de la Palabra de Dios y el testimonio que dan al Señor Jesús (cf. Ap 6, 9): como testigos y mártires nos cuentan "la fuerza de la palabra" (Rm 1, 16), origen de su fe, su esperanza y su amor por Dios y por los hombres.

Hagamos ahora silencio para escuchar con eficacia la Palabra del Señor y mantengamos el silencio luego de la escucha porque seguirá habitando, viviendo en nosotros y hablándonos. Hagámosla resonar al principio de nuestro día, para que Dios tenga la primera palabra y dejémosla que resuene dentro de nosotros por la noche, para que la última palabra sea de Dios.

Queridos hermanos y hermanas, "Te saludan todos los que están conmigo. Saluda a los que nos aman en la fe. ¡La gracia con todos vosotros!" (Tt 3, 15)

NOTAS

Chapter 1

[1] His Holiness Pope Paul V1 promulgated Dogmatic Constitution on Divine Revelation, *Dei Verbum* 9a (November 18, 1965) - http://www.vatican.va/archive/hist_councils/ii_vatican_council/documents/vat-ii_const_19651118_dei-verbum_en.html.

[2] His Holiness Pope Benedict XVI, Message to the People of God of the XII Ordinary General Assembly of the Synod of Bishops, (October, 2008) - http://www.vatican.va/roman_curia/synod/documents/rc_synod_doc_20081024_message-synod_en.html.

[3] *Dei Verbum* 12a.

[4] Ibid. 13.

[5] Ibid. 11a.

[6] Catechism of the Catholic Church, Part One, Section One, Chapter Two, Article 3 - Inspiration and Truth of Sacred Scripture 107, http://www.vatican.va/archive/ccc_css/archive/catechism/p1s1c2a3.htm#II. Also refer to *Dei Verbum* 11.

[7] St. Augustine, *Homilies on the Gospel of John* 1.1, (New City Press: New York, 2009).

Chapter 2

[8] *Dei Verbum* 10a.

[9] His Holiness Pope Benedict XVI, Message to the People of God of the XII Ordinary General Assembly of the Synod of Bishops, (October, 2008) - http://www.vatican.va/roman_curia/synod/documents/rc_synod_doc_20081024_message-synod_en.html.

[10] Cf. *Dei Verbum* 10

[11] His Holiness Pope Benedict XVI, Message to the People of God of the XII Ordinary General Assembly of the Synod of Bishops, (October, 2008) - http://www.vatican.va/roman_curia/synod/documents/rc_synod_doc_20081024_message-synod_en.html.

[12] Cf. *Dei Verbum*, 10b.

[13] *Dei Verbum* 12c.

[14] *Dei Verbum* 11b.

[15] Ibid. 10c.

[16] Ibid. 12c. Also refer to Catechism of the Catholic Church, Part One, Section One, Chapter Two, Article 3 - Inspiration and Truth of Sacred Scripture 111, http://www.vatican.va/archive/ccc_css/archive/catechism/p1s1c2a3.htm#II.

[17] Cf. *Dei Verbum*, 11.

[18] Cf. *Dei Verbum*, 12.

[19] XII Ordinary General Assembly of the Synod of Bishops, Final List of Propositions, Part 1. 5, (October, 2008). The link is for the Italian version. http://www.vatican.va/roman_curia/synod/documents/rc_synod_doc_20081025_elenco-prop-finali_it.html#Spirito_Santo_e_Parola_di_Dio.

[20] His Holiness Pope Benedict XVI, Message to the People of God of the XII Ordinary General Assembly of the Synod of Bishops 5c, (October, 2008) - http://www.vatican.va/roman_curia/synod/documents/rc_synod_doc_20081024_message-synod_en.html.

[21] *Dei Verbum* 12b.

Chapter 3

[22] R.G. Jenkins, "The Biblical Text of the Commentaries of Eusebius and Jerome on Isaiah," *Abr-nahrain*. Leiden, 22 (1983/84), pp. 64-78.

[23] Blaise Pascal, *Thoughts,* Section XII – Proofs of Jesus Christ, translated by W. F. Trotter. Vol. XLVIII, Part 1. The Harvard Classics. (New York: P.F. Collier & Son, 1909–14).

[24] Council of Trent, Session XXII, *Doctrine on the Holy Sacrifice of the Mass*, c. 2.

[25] Cf. St. Augustine, *Tractatus in Ioannem*, VI, n. 7.

[26] His Holiness Pope Paul V1 promulgated Constitution on the Sacred Liturgy – *Sacrosanctum Concilium*, (December 4, 1963). http://www.vatican.va/archive/hist_councils/ii_vatican_council/documents/vat-ii_const_19631204_sacrosanctum-concilium_en.html.

[27] "In" and "for" man: cf. Heb. 1, and 4, 7; ("in"): 2 Sm. 23,2; Matt.1:22 and various places; ("for"): First Vatican Council, Schema on Catholic Doctrine, note 9: Coll. Lac. VII, 522.

[28] *Dei Verbum* 4a.

[29] Sidney H. Griffith, *'Faith Adoring the Mystery': Reading the Bible with St. Ephrem the Syrian*, (Marquette University Press, Milwaukee, 1997), pp. iv.

[30] His Holiness Pope Benedict XVI, Message to the People of God of the XII Ordinary General Assembly of the Synod of Bishops, I. 4, (October, 2008) - http://www.

vatican.va/roman_curia/synod/documents/rc_synod_doc_20081024_message-synod_en.html.

[31] His Holiness John Paul II, Post Synodal Exhortation – *Ecclesia in America* 67. http://www.vatican.va/holy_father/john_paul_ii/apost_exhortations/documents/hf_jp-ii_exh_22011999_ecclesia-in-america_en.html. Also refer to *Aparecida 2007, Luces Para América Latina*, (Librería Editrice Vaticana, 2008), 107 and 392.

[32] St. Augustine, "Quest. in Hept." 2,73: *PL* 34,623.

[33] St. Irenaeus, *Against Heretics*, III, 21,3: *PG* 7,950. St. Cyril of Jerusalem, *Mystagogical Catechesis*, 4,35; *PG* 33,497. Theodore of Mopsuestia, *In Sophia*, 1,4-6: *PG* 66, 452D-453A.

[34] *Dei Verbum* 16.

[35] *Compendium of the Catechism of the Catholic Church*, (Librería Editrice Vaticana, 2005), 22. http://www.vatican.va/archive/compendium_ccc/documents/archive_2005_compendium-ccc_en.html.

Chapter 4

[36] His Holiness John Paul II, Apostolic Letter – *Novo Millennio Ineunte*, (2000), 30, 31. http://www.vatican.va/holy_father/john_paul_ii/apost_letters/documents/hf_jp-ii_apl_20010106_novo-millennio-ineunte_en.html.

[37] His Holiness Pope Benedict XVI, Encyclical Letter - *Deus Caritas Est,*1b. http://www.vatican.va/holy_father/benedict_xvi/encyclicals/documents/hf_ben-xvi_enc_20051225_deus-caritas-est_en.html.

[38] *Aparecida* 244.

[39] St. Maximus the Confessor, *Questions to Thalassius*, *PG*, vol. 90.

[40] *Deus Caritas Est,* 41.

[41] *Aparecida* 266.

[42] His Holiness Benedict XVI, *Angelus en Pompeii*, (October 19, 2008). http://www.vatican.va/holy_father/benedict_xvi/angelus/2008/documents/hf_ben-xvi_ang_20081019_pompei_en.html.

[43] His Holiness Pope Benedict XVI , Synod on the Word of God, *Propositio n. 55*

Chapter 5

[44] Guigo II, *Scala Claustralium*. Also refer to *The Ladder of Monks*, trans. Edmund Colledge and James Walsh, (New York: Double Day, 1978).

[45] St. John Chrysostom, *Homilies on St. Matthew*, II.

[46] *Dei Verbum* 25a.

[47] *Propositio* 32.

[48] Cf. His Holiness John Paul II, Apostolic Letter *Dies Domini* (May 31, 1998), 40: *AAS* 90 (1998), 738.

[49] *Ecclesia in America* 31.

[50] *Novo Millennio Ineunte,* 39.

[51] *Cf. Dei Verbum 25.*

[52] His Holiness Pope Benedict XVI , Address to the International Congress to commemorate the 40th anniversary of *Dei Verbum,* Castel Gandolfo, (September 2005). http://www.vatican.va/holy_father/benedict_xvi/speeches/2005/september/documents/hf_ben-xvi_spe_20050916_40-dei-verbum_en.html.

[53] His Holiness Pope Benedict XVI, Reflection at the First General Congregation for the XI Ordinary General Assembly of the Synod of Bishops, (2 – 23 October, 2005). http://www.vatican.va/news_services/press/sinodo/documents/bollettino_21_xi-ordinaria-2005/02_inglese/b05_02.html.

[54] His Holiness Pope Benedict XVI, *Angelus,* (6 November, 2005). http://www.vatican.va/holy_father/benedict_xvi/angelus/2005/documents/hf_ben-xvi_ang_20051106_en.html.

[55] His Holiness Pope Benedict XVI, Message on the Occasion of the 21st World Youth Day, (9 April, 2006). http://www.vatican.va/holy_father/benedict_xvi/messages/youth/documents/hf_ben-xvi_mes_20060222_youth_en.html.

[56] *Aparecida* 249.

[57] Cardinal Carlos Maria Martini, *A People on the Pathway,* pp. 13. Also refer to *Lectio Divina - Ora et Labora* 35, (1980), pp. 51-55.

[58] Bernardo Olivera, *Monastic Notebooks* 57, pp. 181. Also refer to La Tradición de la *Lectio Divina, - Cuadernos Monásticos* 16, (1981), pp. 179-203; fr: *La Vie Spirituelle* 76, (1996), 720, pp. 361-369.

Conclusion

[59] Pontifical Biblical Commission, "The Interpretation of the Bible in the Church," IV.C.2 (April 23, 1993). http://catholic-resources.org/ChurchDocs/PBC_Interp.html.

[60] His Holiness Benedict XVI, *Angelus,* (November 4, 2007). http://www.vatican.va/holy_father/benedict_xvi/angelus/2007/documents/hf_ben-xvi_ang_20071104_en.html.

BIBLIOGRAFÍA

His Holiness Pope Benedict XVI, Message to the People of God of the XII Ordinary General Assembly of the Synod of Bishops, (October, 2008) - http://www.vatican.va/roman_curia/synod/documents/rc_synod_doc_20081024_message-synod_en.html.

Angelus en Pompeii, (October 19, 2008). http://www.vatican.va/holy_father/benedict_xvi/angelus/2008/documents/hf_ben-xvi_ang_20081019_pompei_en.html.

Angelus, (November 4, 2007). http://www.vatican.va/holy_father/benedict_xvi/angelus/2007/documents/hf_ben-xvi_ang_20071104_en.html.

Message on the Occasion of the 21st World Youth Day, (9 April, 2006). http://www.vatican.va/holy_father/benedict_xvi/messages/youth/documents/hf_ben-xvi_mes_20060222_youth_en.html.

Angelus, (6 November, 2005). http://www.vatican.va/holy_father/benedict_xvi/angelus/2005/documents/hf_ben-xvi_ang_20051106_en.html.

Reflection at the First General Congregation for the XI Ordinary General Assembly of the Synod of Bishops, (2 – 23 October, 2005). http://www.vatican.va/news_services/press/sinodo/documents/bollettino_21_xi-ordinaria-2005/02_inglese/b05_02.html.

Address to the International Congress to commemorate the 40th anniversary of *Dei Verbum*, Castel Gandolfo, (September 2005). http://www.vatican.va/holy_father/benedict_xvi/speeches/2005/september/documents/hf_ben-xvi_spe_20050916_40-dei-verbum_en.html.

Encyclical Letter - *Deus Caritas Est,* 1b. http://www.vatican.va/holy_father/benedict_xvi/encyclicals/documents/hf_ben-xvi_enc_20051225_deus-caritas-est_en.html.

Synod on the Word of God, *Propositio n. 55*

His Holiness Pope John Paul II, Post Synodal Exhortation – *Ecclesia in America*. http://www.vatican.va/holy_father/john_paul_ii/apost_exhortations/documents/hf_jp-ii_exh_22011999_ecclesia-in-america_en.html.

Apostolic Letter *Dies Domini* (May 31, 1998), 40: *AAS* 90 (1998).

Apostolic Letter – *Novo Millennio Ineunte*, (2000). http://www.vatican.va/holy_father/john_paul_ii/apost_letters/documents/hf_jp-ii_apl_20010106_novo-millennio-ineunte_en.html.

His Holiness Pope Paul V1 promulgated Constitution on the Sacred Liturgy – *Sacrosanctum Concilium*, (December 4, 1963). http://www.vatican.va/archive/hist_councils/ii_vatican_council/documents/vat-ii_const_19631204_sacrosanctum-concilium_en.html.

Dogmatic Constitution on Divine Revelation, *Dei Verbum* (November 18, 1965) - http://www.vatican.va/archive/hist_councils/ii_vatican_council/documents/vat-ii_const_19651118_dei-verbum_en.html.

XII Ordinary General Assembly of the Synod of Bishops, Final List of Propositions, Part 1. 5, (October, 2008). http://www.vatican.va/roman_curia/synod/documents/rc_synod_doc_20081025_elenco-prop-finali_it.html#Spirito_Santo_e_Parola_di_Dio.

Council of Trent, Session XXII, *Doctrine on the Holy Sacrifice of the Mass*, c. 2.

Compendium of the Catechism of the Catholic Church, (Librería Editrice Vaticana, 2005). http://www.vatican.va/archive/compendium_ccc/documents/archive_2005_compendium-ccc_en.html.

Pontifical Biblical Commission, "The Interpretation of the Bible in the Church," IV.C.2 (April 23, 1993).

http://catholic-resources.org/ChurchDocs/PBC_Interp.html.

Catechism of the Catholic Church, Part One, Section One, Chapter Two, Article 3 - Inspiration and Truth of Sacred Scripture 107, http://www.vatican.va/archive/ccc_css/archive/catechism/p1s1c2a3.htm#II.

Aparecida 2007, Luces Para América Latina, (Librería Editrice Vaticana, 2008), 107 and 392.

St. Augustine, *Tractatus in Ioannem*, VI, n. 7.
"Quest. in Hept." 2,73: *PL* 34,623.
Homilies on the Gospel of John 1.1, (New City Press: New York, 2009).

St. Cyril of Jerusalem, *Mystagogical Catechesis*, 4,35; *PG* 33.

St. Irenaeus, *Against Heretics*, III, 21,3: *PG* 7.

St. John Chrysostom, *Homilies on St. Matthew*, II.

St. Maximus the Confessor, *Questions to Thalassius*, *PG*, vol. 90.

Theodore of Mopsuestia, *In Sophia*, 1,4-6: *PG* 66.

Colledge, Edmund and Walsh, James trans., T*he Ladder of Monks*, (New York: Double Day, 1978).

Griffith, Sidney H., *'Faith Adoring the Mystery': Reading the Bible with St. Ephrem the Syrian*, (Marquette University Press, Milwaukee, 1997).

Guigo II, *Scala Claustralium*.

Jenkins, R.G., "The Biblical Text of the Commentaries of Eusebius and Jerome on Isaiah," *Abr-nahrain*. Leiden, 22 (1983/84).

Martini, Carlos Maria Cardinal, *A People on the Pathway*.

BIBLIOGRAFÍA

Lectio Divina - Ora et Labora 35, (1980).

Olivera, Bernardo, *Monastic Notebooks* 57.

La Tradición de la *Lectio Divina*, - *Cuadernos Monásticos* 16, (1981), fr: *La Vie Spirituelle* 76, (1996).

Pascal, Blaise, *Thoughts,* Section XII – Proofs of Jesus Christ, translated by W. F. Trotter. Vol. XLVIII, Part 1, The Harvard Classics, (New York: P.F. Collier & Son, 1909–14).

RAVASI, GIANFRANCO, Celebrare e vivere la Parola. Ed. Ancora 1993

SILVA, SANTIAGO, Jesús, Maestro, Enséñanos a Orar, Teoría y práctica de la Lectio Divina [Teach us to pray: Theory and practice of the Lectio Divina]. Ed. Fundación Ramón Pané, Miami, 2007

SINODUS EPISCOPORUM, Lineamenta, La Palabra de Dios en la Vida y Misión de la Iglesia [The Word of God in the life and mission of the Church], Vaticano 2007.

SINODUS EPISCOPORUM, Instrumentum Laboris, La Palabra de Dios en la Vida y Misión de la Iglesia [The Word of God in the life and mission of the Church], Vaticano 2008.

SOMOZA RAMOS, Qué es la Lectio Divina [What is the Lectio Divina] Ed. Paulinas, Madrid, 2001.

Theodore of Mopsuestia, In Sophia, 1,4-6: PG 66.

Tradición de la Lectio Divina, La [Tradition of the Lectio Divina] – *Cuadernos Monásticos*

16, (1981), fr: *La Vie Spirituelle* 76, (1996).

ZEVINI, GIORGIO, La Lectio Divina nella comunitá cristiana, spiritualitá – metodo – prassi. Ed Queriniana, 2001.

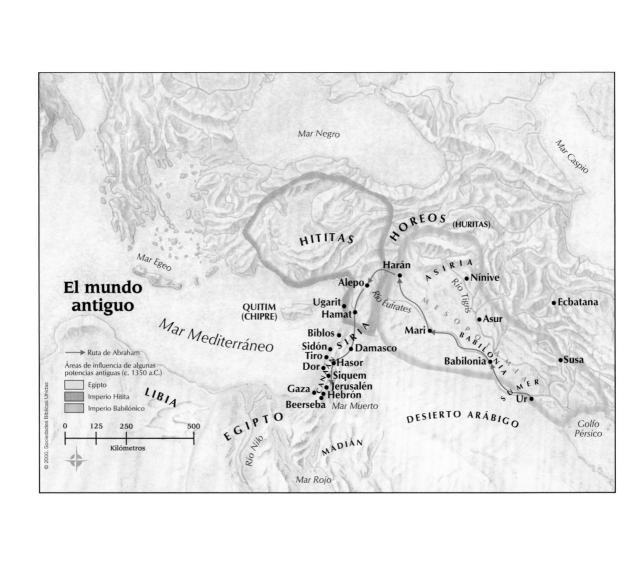

El mundo antiguo

Mar Negro

Mar Caspio

HITITAS

HOREOS (HURITAS)

Harán

Alepo

ASIRIA

Nínive

Mar Egeo

QUITIM (CHIPRE)

Ugarit

Hamat

Río Éufrates

Río Tigris

Ecbatana

Mar Mediterráneo

SIRIA

MESOPOTAMIA

Asur

Biblos

Sidón

Tiro

Dor

Damasco

Mari

Hasor

Siquem

BABILONIA

Babilonia

Susa

Gaza

Jerusalén

Hebrón

SUMER

Beerseba

Mar Muerto

Ur

→ Ruta de Abraham

Áreas de influencia de algunas potencias antiguas (c. 1350 a.C.)

Egipto

Imperio Hitita

Imperio Babilónico

LIBIA

DESIERTO ARÁBIGO

Golfo Pérsico

EGIPTO

0   125   250   500

Kilómetros

Río Nilo

MADIÁN

Mar Rojo

© 2000, Sociedades Bíblicas Unidas

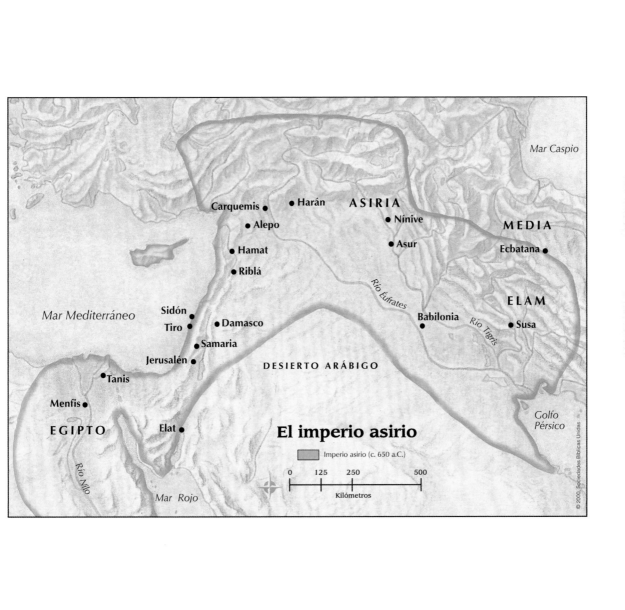

Mar Caspio

A S I R I A

M E D I A

Carquemis •   • Harán

• Alepo   • Nínive

Ecbatana •

• Hamat   • Asur

• Riblá

E L A M

Mar Mediterráneo

Sidón •   Río Éufrates

Tiro •   • Damasco   Babilonia •   Río Tigris   • Susa

• Samaria

Jerusalén •

DESIERTO ARÁBIGO

• Tanis

Menfis •

Golfo Pérsico

E G I P T O   Elat •

El imperio asirio

Imperio asirio (c. 650 a.C.)

Río Nilo

Mar Rojo

0   125   250   500

Kilómetros

© 2000, Sociedades Bíblicas Unidas

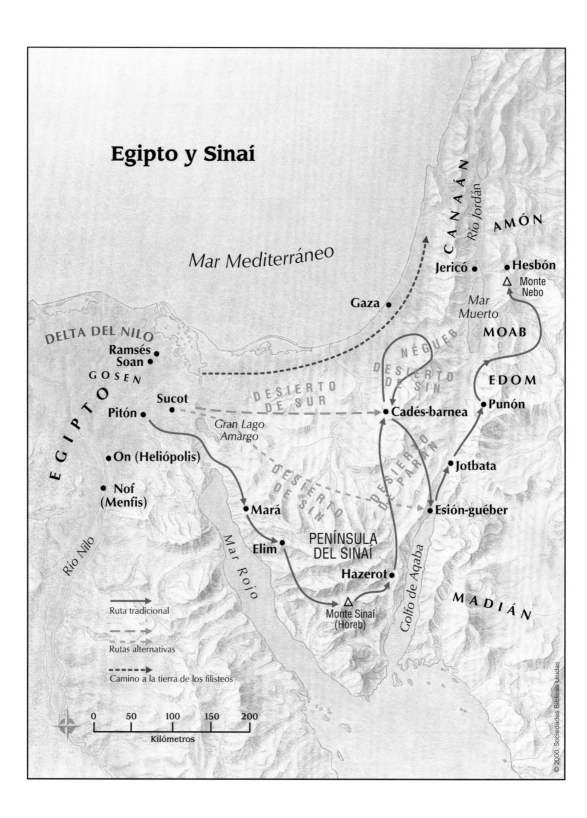

Egipto y Sinaí

Mar Mediterráneo

C A N A Á N

Río Jordán

A M Ó N

Jericó •

• Hesbón

△ Monte
Nebo

Gaza •

*Mar
Muerto*

N É G U E B

M O A B

DELTA DEL NILO

Ramsés •
Soan •

D E S I E R T O
D E   S I N

E D O M

G O S E N

E G I P T O

Sucot •

D E S I E R T O
D E   S U R

Cadés-barnea •

• Punón

Pitón •

*Gran Lago
Amargo*

D E S I E R T O   D E   P A R Á N

• On (Heliópolis)

D E S I E R T O   D E   S I N

• Jotbata

• Nof
(Menfis)

• Mará

• Esión-guéber

Río Nilo

Elim •

PENÍNSULA
DEL SINAÍ

Golfo de Aqaba

Hazerot •

M A D I Á N

△ Monte Sinaí
(Horeb)

Ruta tradicional

Rutas alternativas

Camino a la tierra de los filisteos

0   50   100   150   200

Kilómetros

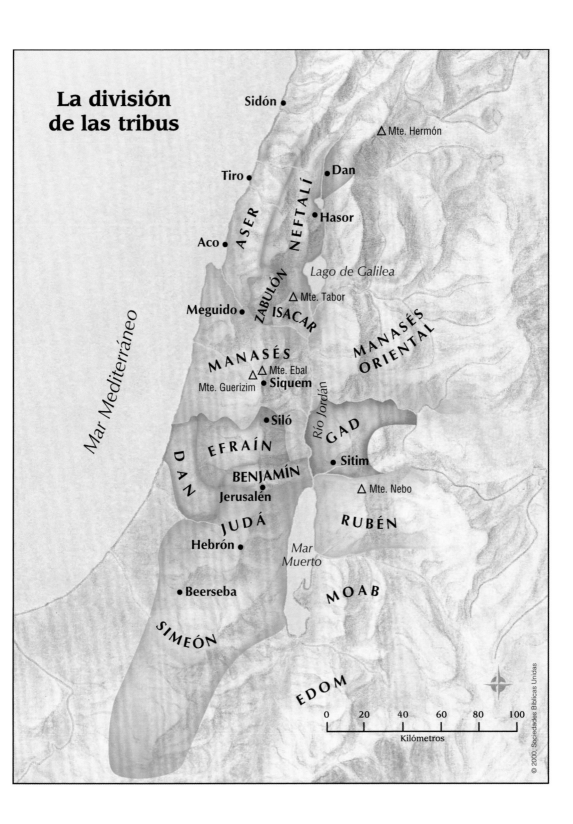

La división
de las tribus

Sidón •

△ Mte. Hermón

Tiro • • Dan

• Hasor

ASER

NEFTALÍ

Aco •

Lago de Galilea

ZABULÓN

△ Mte. Tabor

Meguido • ISACAR

Mar Mediterráneo

MANASÉS

MANASÉS ORIENTAL

△ Mte. Ebal
Mte. Guerizim • Siquem

Río Jordán

• Siló

GAD

DAN

EFRAÍN

• Sitim

BENJAMÍN

△ Mte. Nebo

Jerusalén

JUDÁ

RUBÉN

Hebrón •

Mar Muerto

• Beerseba

MOAB

SIMEÓN

EDOM

0   20   40   60   80   100

Kilómetros

© 2000, Sociedades Bíblicas Unidas

Tífsah • Río Éufrates

Hamat •

FENICIOS
Sidón • • Damasco
Mar Mediterráneo
Tiro • • Dan
• Hasor

Dor • • Ramot de Galaad

Asdod Jerusalén • Rabá
FILISTEA • Belén
Gaza • • Hebrón
Beerseba Mar Muerto
MOAB

Cadés-barnea • EDOM

Esión-guéber •

Los reinos de Saúl, David y Salomón

Reino de Saúl
Reino de David
Reino de Salomón

0   50   100   150   200   250
Kilómetros

Mar Rojo

© 2000, Sociedades Bíblicas Unidas

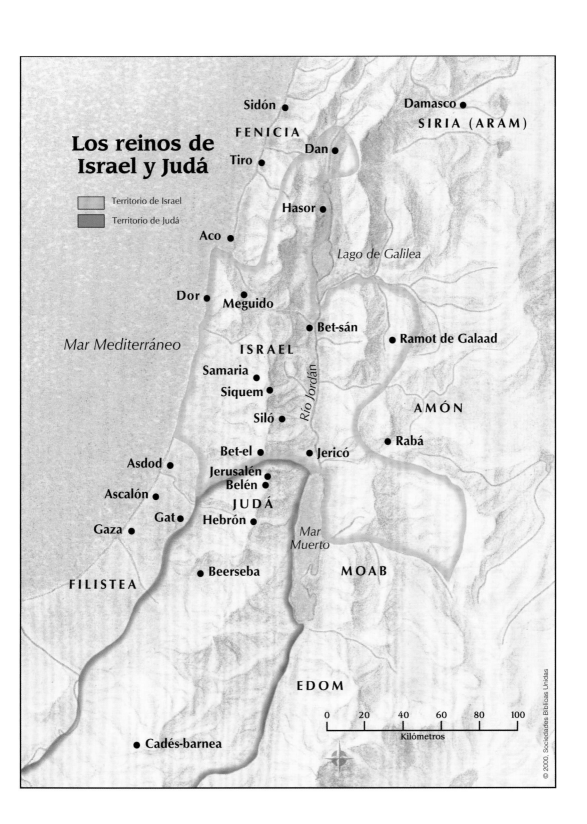

Los reinos de Israel y Judá

Territorio de Israel

Territorio de Judá

Sidón

Damasco

SIRIA (ARAM)

FENICIA

Dan

Tiro

Hasor

Aco

Lago de Galilea

Dor

Meguido

Bet-sán

Ramot de Galaad

Mar Mediterráneo

ISRAEL

Samaria

Siquem

Río Jordán

Siló

AMÓN

Bet-el

Jericó

Rabá

Asdod

Jerusalén

Belén

Ascalón

JUDÁ

Gat

Hebrón

Gaza

Mar Muerto

Beerseba

MOAB

FILISTEA

EDOM

0   20   40   60   80   100

Kilómetros

EDOM

Cadés-barnea

© 2000, Sociedades Bíblicas Unidas

Imperios babilónico, persa y griego

TRACIA
MACEDONIA

Mar Negro

Río Oxo

GRECIA

Atenas •

ASIA MENOR

• Sardes
LIDIA

Mar
Caspio

ARMENIA

Carquemis

• Nínive

Río Tigris

MEDIA

• Ecbatana

PARTIA

• Antioquía

Mar Mediterráneo

Río Eufrates

• Riblá

• Damasco

Samaria •

Alejandría •

• Jerusalén

• Babilonia

• Susa

BABILONIA

PERSIA

• Persépolis

Menfis •

EGIPTO

DESIERTO ARÁBIGO

Río Nilo

Golfo Pérsico

Tebas •

Imperio griego
Imperio persa
Imperio babilónico

Mar
Rojo

0   250   500   1000

Kilómetros

© 2000, Sociedades Bíblicas Unidas

Imperio romano en tiempos de Cristo

Imperio romano

Mar Caspio

GALIA

Mar Negro

ESPAÑA

TRACIA

ITALIA
● Roma

MACEDONIA
Filipos ●

● Bizancio

ASIA MENOR

Pérgamo ●

Tarso ●

GRECIA

● Éfeso

● Antioquía

Corinto ● ● Atenas

CHIPRE

SICILIA

● Damasco

Cartago ●

● Siracusa

Tiro ●

MAURITANIA

CRETA

JUDEA

Mar Mediterráneo

Jerusalén ●

ÁFRICA

Cirene ●

Alejandría ●

EGIPTO

Río Nilo

0   200   400   800
Kilómetros

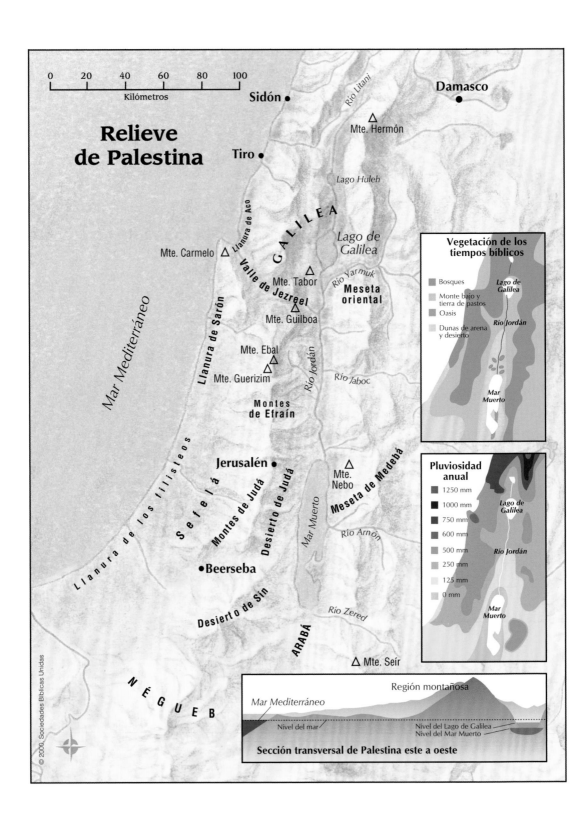

Relieve
de Palestina

0 20 40 60 80 100
Kilómetros

Sidón •

Damasco

Río Litani

Mte. Hermón △

Tiro •

Lago Huleh

Llanura de Aco

G A L I L E A

Lago de Galilea

Mte. Carmelo △

Valle de Jezreel

Mte. Tabor △

Río Yarmuk

Meseta oriental

Mte. Guilboa △

Llanura de Sarón

Mte. Ebal △

Mte. Guerizim △

Río Jordán

Río Jaboc

Mar Mediterráneo

Montes de Efraín

Jerusalén •

Mte. Nebo △

Meseta de Medebá

Sefelá

Montes de Judá

Desierto de Judá

Mar Muerto

Río Arnón

Llanura de los filisteos

•Beerseba

Desierto de Sin

Río Zered

ARABÁ

△ Mte. Seír

N É G U E B

© 2000, Sociedades Bíblicas Unidas

Vegetación de los tiempos bíblicos

■ Bosques
□ Monte bajo y tierra de pastos
■ Oasis
□ Dunas de arena y desierto

Lago de Galilea

Río Jordán

Mar Muerto

Pluviosidad anual

■ 1250 mm
■ 1000 mm
■ 750 mm
■ 600 mm
■ 500 mm
■ 250 mm
□ 125 mm
□ 0 mm

Lago de Galilea

Río Jordán

Mar Muerto

Región montañosa

Mar Mediterráneo

Nivel del mar

Nivel del Lago de Galilea
Nivel del Mar Muerto

Sección transversal de Palestina este a oeste

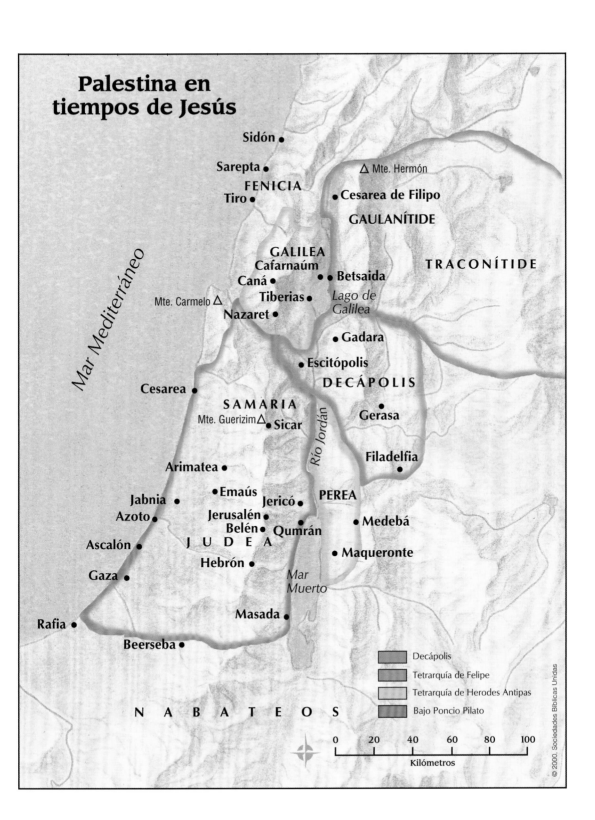

Palestina en tiempos de Jesús

Mar Mediterráneo

Sidón •

Sarepta •

△ Mte. Hermón

FENICIA

Tiro • • Cesarea de Filipo

GAULANÍTIDE

TRACONÍTIDE

GALILEA

Cafarnaúm

Caná • • • Betsaida

Mte. Carmelo △ Tiberias •

Nazaret • Lago de Galilea

• Gadara

• Escitópolis

Cesarea • **DECÁPOLIS**

SAMARIA

Mte. Guerizim △ • Sicar

Río Jordán

• Gerasa

Arimatea •

• Emaús Filadelfia •

Jabnia • Jericó • **PEREA**

Azoto • Jerusalén •

Belén • • Qumrán • Medebá

Ascalón • **JUDEA**

Hebrón • • Maqueronte

Gaza • Mar Muerto

Rafia • Masada •

Beerseba •

N A B A T E O S

Decápolis

Tetrarquía de Felipe

Tetrarquía de Herodes Antipas

Bajo Poncio Pilato

0   20   40   60   80   100

Kilómetros

© 2000, Sociedades Bíblicas Unidas

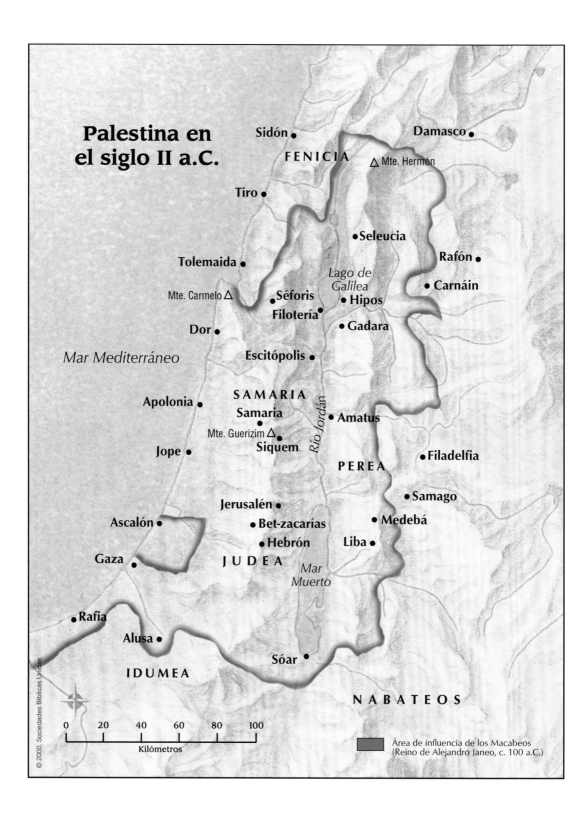

Palestina en el siglo II a.C.

Sidón •

Damasco •

FENICIA

△ Mte. Hermón

Tiro •

• Seleucia

Rafón •

Tolemaida •

Lago de Galilea

• Carnáin

Mte. Carmelo △

• Séforis

• Hipos

Filotería •

• Gadara

Dor •

Escitópolis •

Mar Mediterráneo

SAMARIA

Apolonia •

Samaria •

Río Jordán

• Amatus

Mte. Guerizim △

Siquem •

Jope •

PEREA

• Filadelfia

Jerusalén •

• Samago

Ascalón •

• Bet-zacarías

• Medebá

• Hebrón

Liba •

Gaza •

JUDEA

Mar Muerto

Rafia •

Alusa •

Sóar •

IDUMEA

NABATEOS

0   20   40   60   80   100

Kilómetros

© 2000, Sociedades Bíblicas Unidas

Área de influencia de los Macabeos
(Reino de Alejandro Janeo, c. 100 a.C.)

Planos del templo descrito en el libro de Ezequiel

Estos planos se basan en la visión de Ezequiel (capítulos 40 y 41). No representan el templo de Salomón ni tampoco el segundo templo, construido después del exilio.

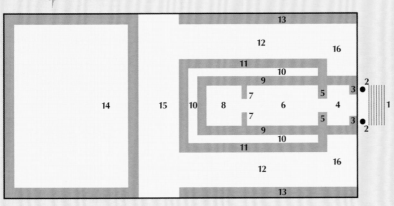

PLANO GENERAL DEL TEMPLO

1. Muro exterior (40.5; 42.15-20)
2. Puerta oriental (40.5-16)
3. Puerta norte (40.20-23)
4. Puerta sur (40.24-27)
5. Atrio exterior (40.17)
6. Enlosado (40.17-18)
7. Atrio interior (40.28)
8. Puerta sur del atrio interior (40.28-31)
9. Puerta oriental del atrio interior (40.32-34)
10. Puerta norte del atrio interior (40.35-37)
11. Cámara para lavar los animales (40.38)
12. Cámaras para los sacerdotes (40.44-46)
13. Templo propiamente dicho (véase el siguiente plano)
14. Edificio del oeste (41.12)
15. Cámaras del norte (42.1-10)
16. Cámaras del sur (42.10-11)
17. Patios (46.21-22)
18. Altar (40.47; 43.13-17)

ZONA DEL TEMPLO PROPIAMENTE DICHO (40.48-41.15)

1. Gradas (40.49)
2. Columnas (40.49)
3. Postes del pórtico (40.48)
4. Pórtico (40.49)
5. Postes (41.1)
6. Sala central (41.2)
7. Postes (41.3)
8. Lugar santísimo (41.4)
9. Muro exterior (41.5)
10. Cámaras anexas (41.5)
11. Pared exterior de las cámaras (41.9)
12. Espacio libre (41.9)
13. Muro (41.9)
14. Edificio del oeste (41.12)
15. Patio cerrado (41.12)
16. Parte del patio cerrado que da al oriente (41.14)

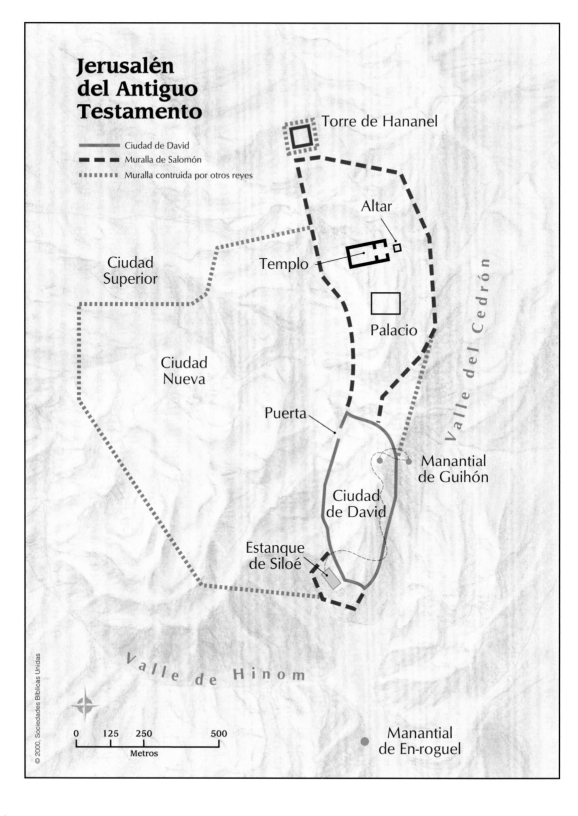

Jerusalén del Antiguo Testamento

Ciudad de David
Muralla de Salomón
Muralla construida por otros reyes

Torre de Hananel

Altar

Templo

Ciudad
Superior

Palacio

Ciudad
Nueva

Valle del Cedrón

Puerta

Manantial
de Guihón

Ciudad
de David

Estanque
de Siloé

Valle de Hinom

0   125   250   500
Metros

Manantial
de En-roguel

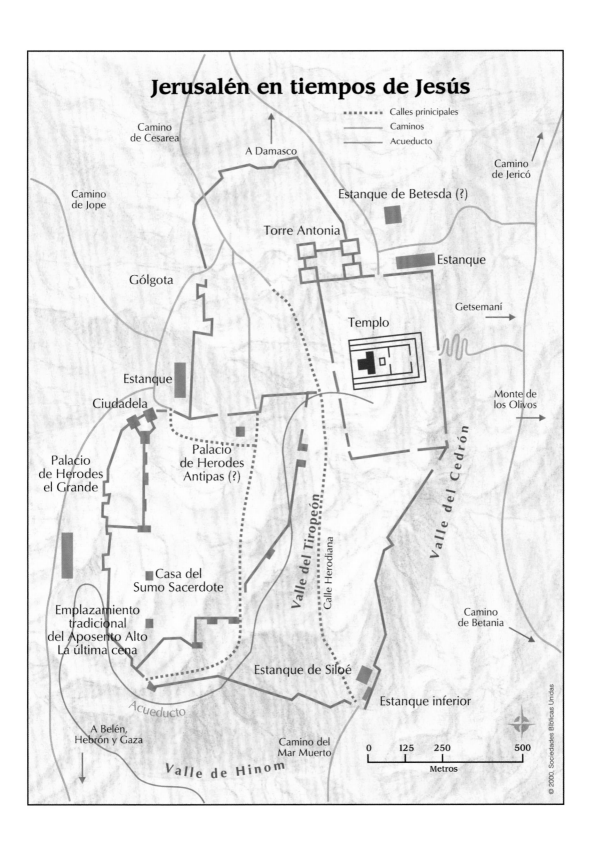

Jerusalén en tiempos de Jesús

····· Calles prinicipales
—— Caminos
—— Acueducto

Camino de Cesarea

A Damasco

Camino de Jope

Estanque de Betesda (?)

Camino de Jericó

Torre Antonia

Estanque

Gólgota

Getsemaní

Templo

Estanque

Ciudadela

Monte de los Olivos

Palacio de Herodes Antipas (?)

Palacio de Herodes el Grande

Valle del Tiropeón

Calle Herodiana

Valle del Cedrón

Casa del Sumo Sacerdote

Emplazamiento tradicional del Aposento Alto La última cena

Camino de Betania

Estanque de Siloé

Estanque inferior

Acueducto

A Belén, Hebrón y Gaza

Camino del Mar Muerto

Valle de Hinom

0   125   250   500

Metros

© 2000, Sociedades Bíblicas Unidas

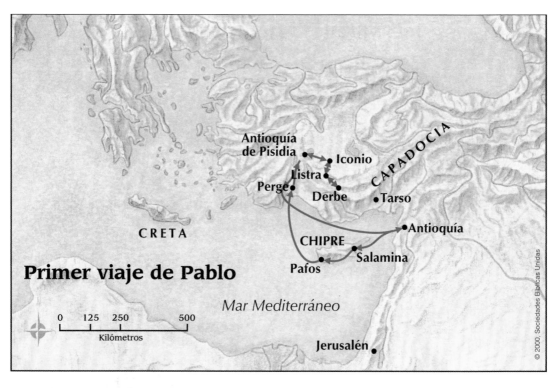

Antioquía
de Pisidia

Iconio

Listra

Perge Derbe

Tarso

CAPADOCIA

Antioquía

CRETA

CHIPRE

Salamina

Pafos

Primer viaje de Pablo

Mar Mediterráneo

0   125   250   500

Kilómetros

Jerusalén

© 2000, Sociedades Bíblicas Unidas

MACEDONIA

Berea   Filipos

Tesalónica Anfípolis

Tróade

Corinto   Atenas

Éfeso   Antioquía
de Pisidia

Iconio

Listra

Rodas   Perge   Derbe

Tarso

CAPADOCIA

Antioquía

CRETA

CHIPRE

Pafos   Salamina

**Segundo viaje
de Pablo**

Mar Mediterráneo

0   125   250   500

Kilómetros

Cesarea

Jerusalén

© 2000, Sociedades Bíblicas Unidas

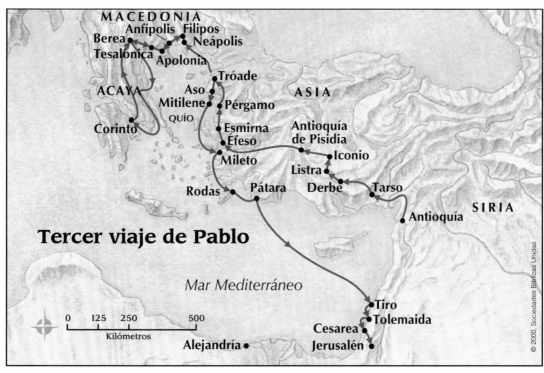

MACEDONIA

Berea
Tesalónica
Anfípolis
Apolonia
Filipos
Neápolis

ACAYA

Corinto

QUÍO

Tróade
Aso
Mitilene
Pérgamo
Esmirna
Éfeso
Mileto

Rodas
Pátara

ASIA

Antioquía
de Pisidia
Iconio
Listra
Derbe
Tarso

Antioquía

SIRIA

Tercer viaje de Pablo

Mar Mediterráneo

0   125   250   500

Kilómetros

Tiro
Tolemaida
Cesarea
Jerusalén

Alejandría

© 2000, Sociedades Bíblicas Unidas

Roma
Tres Tabernas
Pozzuoli
ITALIA

SICILIA
Regio
Siracusa

MALTA

Viaje a Roma

LICIA
Cnido
Mira

RODAS

CRETA
Buenos
Puertos

CHIPRE
Sidón

SIRIA

Cesarea
Jerusalén

Mar Mediterráneo

0   125   250   500

Kilómetros

© 2000, Sociedades Bíblicas Unidas

NOTAS

NOTAS

CADA DIA ES UNA TRAVESIA.
OBTENGA GUIA.

Un nuevo comienzo // Un desastre // Un cambio radical // Lo mismo de antes // Algo extraordinario Algo terrible // Exactamente lo que Ud. pensó Algo que jamás hubiera esperado

Descubra la esperanza, el estímulo y la dirección dada por la Palabra de Dios a través de un antiguo método de lectura orante de la Biblia: *Lectio Divina*. Usando el calendario litúrgico que sigue el Leccionario de la Iglesia Católica, prepárese semanalmente para la liturgia de la Palabra.

Visite **ABSJourneys.org** hoy.

AMERICAN BIBLE SOCIETY

JOURNEYS
something good every day

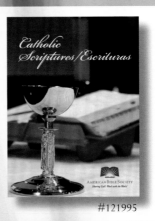